百科通识文库

49

女权主义简史

玛格丽特·沃特斯 著

朱刚 麻晓蓉 译

外语教学与研究出版社

北京

京权图字：01-2006-6854

图书在版编目（CIP）数据

女权主义简史 /（英）沃特斯（Walters, M.）著；朱刚，麻晓蓉译．—北京：外语教学与研究出版社，2015.8（2022.4重印）
（百科通识文库）
ISBN 978-7-5135-6506-6

Ⅰ．①女… Ⅱ．①沃… ②朱… ③麻… Ⅲ．①女权运动－历史 Ⅳ．①D442.9

中国版本图书馆CIP数据核字（2015）第198860号

出 版 人	王 芳
项目策划	姚 虹
责任编辑	车云峰
封面设计	泽 丹
版式设计	锋 尚
出版发行	外语教学与研究出版社
社 址	北京市西三环北路19号（100089）
网 址	http://www.fltrp.com
印 刷	三河市紫恒印装有限公司
开 本	889×1194 1/32
印 张	7.5
版 次	2015年9月第1版 2022年4月第4次印刷
书 号	ISBN 978-7-5135-6506-6
定 价	20.00元

购书咨询：（010）88819926 电子邮箱：club@fltrp.com
外研书店：https://waiyants.tmall.com
凡印刷、装订质量问题，请联系我社印制部
联系电话：（010）61207896 电子邮箱：zhijian@fltrp.com
凡侵权、盗版书籍线索，请联系我社法律事务部
举报电话：（010）88817519 电子邮箱：banquan@fltrp.com
物料号：265060001

百科通识文库书目

历史系列：

美国简史
探秘古埃及
古代战争简史
罗马帝国简史
揭秘北欧海盗
日不落帝国兴衰史——盎格鲁－撒克逊时期
日不落帝国兴衰史——中世纪英国
日不落帝国兴衰史——十八世纪英国
日不落帝国兴衰史——十九世纪英国
日不落帝国兴衰史——二十世纪英国

艺术文化系列：

建筑与文化
走近艺术史
走近当代艺术
走近现代艺术
走近世界音乐
神话密钥
埃及神话
文艺复兴简史
文艺复兴时期的艺术
解码畅销小说

自然科学与心理学系列：

破解意识之谜
密码术的奥秘
恐龙探秘
情感密码
全球灾变与世界末日
简析荣格
人类进化简史
认识宇宙学
达尔文与进化论
梦的新解
弗洛伊德与精神分析
时间简史
浅论精神病学
走出黑暗——人类史前史探秘

政治、哲学与宗教系列：

动物权利
释迦牟尼：从王子到佛陀
死海古卷概说
存在主义简论
《旧约》入门
解读柏拉图
读懂莎士比亚
世界贸易组织概览
《圣经》纵览
解读欧陆哲学
欧盟概览
女权主义简史
《新约》入门
解读后现代主义
解读苏格拉底

目 录

图 目

绪论

“我本人始终就没能弄明白女权主义究竟是什么，”作家丽贝卡·韦斯特[1]1913年语带讥讽地说，“我只知道无论什么时候，只要我表达出和逆来顺受的可怜虫或妓女不同的观点，人们就说我是女权主义者。”在她写作的年代，“女权主义”还是个比较新的字眼，19世纪90年代才由法语进入英语。有趣的是，在《牛津英语词典》中，该词最早的例证含有贬义。1895年，《雅典娜神殿》[2]鄙夷地谈到一部描写某个女性的作品，极尽调侃地说她“同女权主义说教调情”。“在德国，女权主义就是公开鼓吹社会主义，”《每日新闻》1908年战战兢兢地说道，随后对“妇女选举权运动者、妇女选举权女斗士以及女权主义发展中的所有其他阶段”予以全盘否定。

在那些年代，一些作家使用另一个词——“妇女主义”来替代它，但同样也充满敌意。有一位被人遗忘已久的作家在自己的回忆录中忆及了与一位身居巴黎的女知识

1 丽贝卡·韦斯特（Rebecca West，1892—1983）：原名塞西莉·伊莎贝尔·费尔菲尔德（Cecily Isabel Fairfield），英国小说家、文学评论家和著名记者。——译注，下同

2 《雅典娜神殿》：英国伦敦出版的文学杂志（1828—1921），撰稿者多为知名作家。

分子（尽管他对她有偏见，但她似乎相当活泼有趣）会面时的情景，愤怒地揶揄说这位女性的写作反映了“19世纪顽固的妇女主义”。

令人奇怪的是，对“女权主义”这个字眼最尖刻的批评竟来自弗吉尼娅·吴尔夫[1]。她在《一间自己的房间》中曾为女性发出过呼吁，影响很大，甚为恳切。在1938年创作于法西斯主义和日渐迫近的战争的阴影之下的《三几尼》中，吴尔夫也许对任何“主义”都感到不安，所以坚决抵制这个字眼。她坚称，任何词汇都无法准确概括这股“19世纪反抗父权”的力量。她接着写道：

事实上，那些19世纪的妇女是你们这场运动的先锋。她们当时反抗父权制国家的暴政，正如你们时下反抗法西斯国家的暴政一样。

吴尔夫宣称，她们被人称为女权主义者（她犯了年代错误——这个词在19世纪并不为人所知），这令她们非常

1 弗吉尼娅·吴尔夫（Virginia Woolf，1882—1945）：英国女作家和文学评论家，为现代主义和女权主义先锋，以“意识流”创作手法著称。

反感。她继续强调说，我们应该

废除一个陈旧、邪恶而腐朽的词汇，一个在它的时代为害不浅的词汇。“女权主义”便是这个词汇。根据字典，这个词的意思是“捍卫女性权利的人”。既然唯一的权利，即谋生权已经获得，这个词便不再具有意义了。没有意义的词是死词、腐朽的词。

然而，虽然弗吉尼娅·吴尔夫所谓的“谋生权”曾经是、并且目前仍然是女权主义的中心内容，但是在她写下这些话之后近一个世纪过去了，获得谋生权显然并没能解决女性所面临的全部问题。女性的工作——虽然某些商界女强人的收入被媒体大肆宣扬——酬劳依然很低；而在家务活儿方面，女性根本就得不到酬劳。女性面临着特殊问题：生育和抚养孩子，还承受着既要干家务和/或照顾孩子又要外出工作的巨大压力。吴尔夫在20世纪20年代写作时，女权主义者几乎尚未提出这些问题，更不用说解决这些问题了。

数百年来，在许多不同的国家，女性都曾为自己的性别呼吁，并且以不同的方式表达自己的不满、需求以及希望。由于这是一个“非常简短的介绍”，我只集中谈一个国家——英格兰——的女权主义，尝试着探讨它的历史沿革。尽管其他国家的女性有不同的经历和定义，但是在英格兰，至少一直到20世纪60年代，“女权主义者”通常都是个贬义词。无论如何热心地为女性权利而战，鲜有女性愿意自称为“女权主义者”。20世纪60年代和70年代女性再次组织起来时，这场运动自称为“妇女解放运动”（这个字眼源自黑人运动、第三世界运动和学生运动）。它也经常被简称为“妇解”（women’s lib），这么称呼有时候是出于亲昵，有时候则是出于贬损。但也就是在这些年间，“女权主义”这个词日渐为大众所接受，其含义也得到了扩展。虽然有人认为民事平等和法律平等还没有完全实现，而且这种看法不无道理，但是这场新的运动往往重点关注的是女性特有的问题，即女性在生育和扮演社会角色中所遇到的问题。同样是在这些年间，英国的女权主义者至少尝试过跨越国界，去寻找她们和海外女权主义者之间的相同或不同之处。

然而，我们又是多么频繁地听到女性们急切地声明

“我不是女权主义者，而是……”。而她们发表看法时依据的便是女权主义，缺之不可。美国女权主义者埃丝特尔·弗里德曼（Estelle Freedman）认为，女权主义这个词自出现之初就带有负面含义，并且指出，没有几个涉足政坛的女性标榜自己是女权主义者，这么做的女性少得令人吃惊。20世纪90年代，英美的一些女权主义者发现出现了诋毁女权主义的“回潮”，而且某些目标显然已经得逞，于是对这种回潮发出了警告。例如，朱丽叶·米切尔（Juliet Mitchell）和安·欧克利（Ann Oakley）把她们的第三本论文集取名为《谁害怕女权主义?》，书的原版封皮上印有一只卡通的大灰狼。她们认为：“对女权主义的攻击往往演变为更为广泛的厌女症”；“女权主义者”现在成了那些不受欢迎或备受鄙视的女性的代名词，和20世纪60年代之前使用的“恨男婆”、“母夜叉”、“老妖婆”、“巫婆”等称呼如出一辙。她们还说，女性也必须揭露并消除女权主义自身所固有的厌女症传统。

同样麻烦的是，一提到“女权主义”这个字眼，许多年轻一些的女性似乎也警觉起来，其中不少人似乎羞于提及这个概念。一份英国小报最近刊登了一篇横跨两版的文章，名为《女权主义死了吗?》。文章竭力巧妙地保持不偏不倚，给正反两方面的意见以相同的篇幅：一方认为女权主义这个词依然非常适用；另一方则确信这个词已经过时，甚至令人尴尬，应该被淘汰。这篇文章配发了一张“激进妇解分子”在抗议“世界小姐”选美比赛现场维持秩序的照片。(事实上，照片上每个人都在笑。)让我略感尴尬的是，我在照片上看到了很久以前的自己，长发长裙，紧握着一块毫无新意的标语牌，上面写着“女人也是人”。我几乎已经忘记了“世界小姐”选美比赛那时依然存在(在那些糟糕的年月里，这种比赛总是被安排在电视节目的黄金时段)。直到2002年，这一赛事才意外地引起公众关注。首先是尼日利亚激进分子暴力示威反对他们所谓的“裸体游行”，认为那会助长淫乱之风，导致艾滋病蔓延。随后是数名选手拒绝参赛，因为一名尼日利亚青年妇女婚外怀孕，依据伊斯兰教教法被判处死刑缓期执行——但只是延缓到孩子断奶后再执行。选美皇后们的姿态既展现了勇气，又取得了理想的效果。然而有趣的是，她们中的一位略显不安地坚称她之所以采取这种姿态，绝对不是因为她是女权主义者，甚至也不是因为她是个女人，而是因为她是个人。

我近来问过一些二十出头的年轻女性是否认为自己是女权主义者，或是否确实对女权主义感兴趣，她们大部分人都断然地予以否认。这些年轻女性中有一部分受过大学教育，其他的都有工作，而她们所有人显然都是先前女权运动的受益者。一位女性说，女权主义这个词本身听起来就挺陈腐过时。她觉得，一方面，女权主义已经变成极端分子——她称之为“原教旨主义者”——的游乐场，这些人对于像她这样的女性说不出什么有用的话。另一方面，她认为女权主义已经被“制度化”了，她把它比作共产主义：它不仅要求忠实于某些思想，还要信奉一套笼统的思想体系。此外，她补充说，女权主义现在只不过是一个学术话题。人们可以获得“性别研究”的学位，她觉得这才是真正的致命之处：如果需要证据的话，这一点就足以证明女权主义已经不是非常适用了 。也许10年左右之后，当这些年轻女性发现自己在家庭、家务和工作之间顾此失彼时，她们会有不同的感受。也许她们会发觉需要根据自己的体验重新定义女权主义。但是从某种意义上说，我倒希望她们不必如此。

第一章

女权主义的宗教根源

"在最早为自身及自身性别发出呐喊的欧洲女性中，有一些是在宗教的框架下进行的，而且使用了宗教术语。在当下世俗化的社会里，我们或许很难想象她们当年所做的一切：很难充分认识到她们的勇气，很难理解她们当时挑战社会现状所可能产生的后果或这种挑战达到了何种程度。

在长达几个世纪的时间里，欧洲各地总会有些家庭将"可有可无"或者无法婚嫁的女儿往女隐修院一关了事。对于一些人来说，这肯定不啻终身监禁；但是对于另一些人来说，宁静的女隐修院生活似乎促进了真正的自我实现：它培养了一些女性的组织才能，使一些女性识文断字，能够独立思考，从而发现她们自己与众不同的声音。

宾根的希尔德加德[1]生于11世纪末，她先是在莱因兰的一所小隐修院做了修女，后来当上了这所隐修院的院长。长久以来，人们公认她是一位了不起的作家；近年来，她非凡的音乐才华被世人重新发现，备受赞誉。但她有时深为人们对自己“非女性化”行为的种种怀疑所苦。于是，她写信给当时的一位教会领袖明谷的伯尔纳[2]，询问她——一个没有受过教育的妇女——是否应该继续写作和作曲。伯尔纳给予了她鼓励。数年后，她享誉整个欧洲。虽然当时只有司铎才有权传教，但是她60岁开始周游整个日耳曼帝国，进行她的传教活动。

和其他中世纪妇女一样，希尔德加德试图想象几乎无法想象的事物、讲述自己对神之爱的理解时，她借助于女性经验，尤其是母性经验，从而写到神的“母性”。“神再次向我展现出他的恩慈，”她写道，“正如……母亲给她哭泣的孩子哺乳一样。”一些虔诚的妇女怀着母性的柔情想

1 宾根的希尔德加德（Hildegard of Bingen，1098—1179）：德意志女隐修院院长和神秘主义者，自称多次见到诡秘的异象。
2 明谷的伯尔纳（Bernard of Clairvaux，1090—1153）：法国天主教西多会修士和神秘主义者，创立了明谷隐修院。

象襁褓中的耶稣。一位佛兰芒贝居安女修会[1]修女这样冥想神之母的感受：

> 一连三天，也许更久，（她）紧紧抱着他，他像婴儿一样安憩在她双乳之间……有时她亲吻他，仿佛他是一个小孩子；有时她把他抱在大腿上，仿佛他是一只柔弱的羔羊。

"仅仅因为我是女人，我就得相信我无法告诉你神的美德……？" 15世纪初期英格兰妇女诺里奇的朱利安[2]这样问道。她很诧异"她的创造者竟然选择降生于那个被创造物"。进而，她认为：

> 我们的救世主是我们的真母，我们永恒诞生于他，永远受他庇佑……我们得救于母性的慈悲和恩德……母爱的本质

---

1 贝居安女修会：中世纪起出现在北欧城市中的一批女修士，她们不参加经正式批准的教会而过着虔修生活。12世纪末最早出现于列日，13世纪时正式以贝居安为名。她们大多自食其力，潜心于沉思默想，发愿身在会中时守贞不嫁，但可以随时还俗嫁人。

2 诺里奇的朱利安（Julian of Norwich，1342—1416以后）：英国神秘主义者，所著《神恩的启示》（*Revelations of Divine Love*，约1393）被普遍认为是阐明中世纪宗教修养体验的重要文献。

就是慈爱、智慧、知识；这种母性就是美德，因为虽然和我们灵魂的出处相比，我们的肉体诞生于低贱、贫寒和卑微，然而这个肉体诞生于他的创造，由女性来加以完成，体现为众生。

虽然其他女性对这个类比只是一带而过，但诺里奇的朱利安却非常直接地进一步阐述了这个类比。基督正如

仁厚慈爱的母亲那样深知自己孩子的需要，并密切关注着这种需要。母亲给予孩子吮吸的乳汁，而我们亲爱的耶稣母亲却用他自己来喂养我们，他是如此慷慨、如此温柔……

玛格丽·肯普[1]和朱利安同时代，她从自己家乡埃塞克斯一路跋涉去拜访朱利安。玛格丽记下了自己的生平——也许是自己口述、他人记录，这被称为第一部英语自传。她的生平再清晰不过地说明，为什么她对自身不幸的沉湎和夸张的表述激怒了那么多和她接触过的人。但是

1　玛格丽·肯普（Margery Kempe，约1373—约1440）：英国神秘主义者。

她的故事也出人意料地感人至深；而更重要的是，她的传记之所以了不起，只是因为她坚持认真对待自己和自己的经历。玛格丽遭遇到的母性经验中痛苦而可怕的一面曾经启示了因信仰而终身未婚的朱利安。玛格丽第一次怀孕期间一直病得很重。经过漫长而异常痛苦的分娩后，她精疲力竭，沮丧万分："由于生产的煎熬以及之前的病痛，她对生活感到绝望。"有时，她几乎要自杀。她回忆道，是耶稣显圣抚慰了她。耶稣以一位英俊的年轻人的形象显现，坐到她的床边。他告诉她："在床上，你可以大胆地把我当作你的夫君。"但是直到多年后，经历了14次怀孕的玛格丽才终于和她欲望无度的凡夫达成协议：只要他不再执意要求鱼水之欢，她愿意替他偿还债务，并且取消自己所恪守的星期五斋戒，同他一起吃喝。他同意了，不过带着一丝讽刺，这讽刺数百年来不断被人重复，令人生厌："愿你的身体像以前对我那样随时供神享用。"

凭着非凡的精力和毅力，玛格丽踏上了跨越欧洲的朝圣之旅。一路上她哭哭啼啼，激怒了随行的同伴，他们中途舍她而去。但是她的勇气——以及永不言弃的决心——使她到达了耶路撒冷，并最终踏足君士坦丁堡。

到了16世纪后期，越来越多的女性开始谈论自身，观点愈加一致、愈加富有攻击性，只是仍然未能摆脱宗教的框架。宗教改革[1]使更多的女性得以接受教育。1589年，在被一位历史学家称为“英格兰最早的女权主义檄文”中，简·安杰[2]挺身而出，强调夏娃优于亚当：夏娃是第二个成形之人，因此也更加完善。亚当由“废物和肮脏的泥土”塑造而成，神又从亚当的肉中造出夏娃，故而“她定比他纯净”，这“显然说明我们女人比男人要优秀不少……有了女人，才有男人的救赎。女人是第一个信神的，同样也是第一个悔罪的”。接着，安杰又世俗地谈到了日常的家庭生活，言谈间透着义愤和诙谐。她提醒我们，保证男人衣食无忧、干净整洁的是女人：“没有我们的照顾，他们会像正在产崽的狗一样躺在床上，像脏鲐鱼一样在夏天的热浪里游来荡去。”

但是任何女人想要捍卫自己的性别，都不得不有力地

1　宗教改革：16世纪西方基督教会中所发生的宗教革命，其主要领导人是路德和加尔文，由此产生基督教三大分支之一的基督教新教。

2　简·安杰（Jane Anger）：16世纪后期英国女作家，生平不详。她唯一的存世作品为《简·安杰论保护女性》（*Jane Anger: Her Protection for Women*，1589）这本小册子，批评了当时的大男子主义。

处理《圣经》中女性的负面形象：大利拉[1]背叛，耶洗别[2]杀人，而夏娃则对人类的堕落负有直接责任："女人诱惑他，他吃了。"女人一旦大胆讲话，或就教会对女性的态度提出难以应付的问题，经常就会有人拿圣保罗的话来进行压制。"让你们的女人在会中闭口不言，因为不准她们说话，"圣保罗向哥林多人训示道。他在给提摩太的书信中还说道："她们若要学什么，可以在家里问自己的丈夫，因为妇女在会中说话原是可耻的。"

渐渐地，一些女性找到了反抗这些《圣经》禁锢的信心。一些女性对《创世记》作出了不同的解释，认为归根到底，亚当对于人类的堕落和夏娃负有同等的责任。于是，1611年埃米利亚·兰耶[3]提醒自己的读者，基督

由女人怀上，由女人诞下，由女人哺育，对女人顺

1 大利拉（Delilah）：《圣经·旧约》所载以色列人领袖参孙的最后一位情人，曾哄骗参孙说出力大无穷的秘密在于长发，然后出卖了他，并因此成为不忠的性感女人的代名词。

2 耶洗别（Jezebel）：《圣经·旧约》所载以色列国王亚哈之妻，阻挠希伯来人信仰神，迫害并杀害先知，挑拨希伯来人互相残杀，后被处死，尸首被群狗分吃。

3 埃米利亚·兰耶（Aemilia Lanyer，1569—1645）：据认为是英国第一位职业女诗人。

从……他治愈女人，宽恕女人，安抚女人……他复活后，首先显身给一个女人。

1617年，雷切尔·斯佩特[1]嘲讽道：

倘若当初亚当不赞成夏娃的所作所为，不愿意步她的后尘，那么他作为她的主人，本应申斥她，订出点儿戒律，以免有失主人的身份。

其他人则坚持认为，神把夏娃的后裔玛利亚创造为基督之母，这本身就已经昭示了他的宽恕。

在动荡不安的17世纪，尤其是在抵制国教、尊崇简化宗教仪式的教派和众多不同的小团体中，女性获得了更多的自由。至少有些女性感受到了神启，开始传教或进行预言。现代历史学家指出，在伊丽莎白时代后期为逃避迫害而移民到美洲或荷兰的英格兰宗教异见者及其传教活动中，女性发挥了重要作用。同样，在那些设法留在英格兰

1 雷切尔·斯佩特（Rachel Speght，1597—?）：英国女诗人，据认为是第一位公开争论性别问题的女性。

从事地下活动的异见小团体中，女性也相当活跃。直到内战时期和空位期[1]，她们才大举转回地上，畅所欲言。基思·托马斯[2]罗列了一些这类独立教会：布朗派[3]、独立会[4]、浸礼宗[5]、千禧年会[6]、家庭会[7]、贵格会[8]、寻求派[9]以及狂言派[10]。无论它们在神学上有什么不同，它们都认为**每个**个体必须获得精神上的再生。体验贵格会所谓的“内心之光”比外在仪式更为重要，而这光并不讲究性别差异。正如当时一位作家所说：“一个虔诚的男人，还有，或女人，能

1 内战：指1642—1651年间英国议会派与保王党之间的战争。空位期：指1649年查理一世被处决至1660年查理二世复辟之间的这段时期。

2 基思·托马斯（Keith Thomas，1933— ）：英国历史学家。

3 布朗派：由英格兰基督教清教派公理会领导人罗伯特·布朗（Robert Brown，约1550—1633）创立，抵制圣公会，主张政教分离的自由教会运动。

4 独立会：又称分离派，要求脱离圣公会，主张由真正信奉基督的人组成独立的地方教会，后通称公理宗。

5 浸礼宗：基督教新教派别，认为只有信道之人才可受洗，而洗礼必须全身浸在水中（即浸礼）。

6 千禧年会：基督教派别，认为现实世界污秽不堪，会被复活的基督彻底涤荡，随后基督会治理世界1,000年。

7 家庭会：又称爱的家庭，16世纪由荷兰商人尼克莱斯（Hendrik Niclaes）创立，号召所有“热爱真理的人”不分民族和宗教，一律团结起来，不再争执教义，融于基督的身体之中。

8 贵格会：基督教公谊会的别称，强调圣灵的指引，废除外在礼仪和神职人员，积极维护和平、反对战争。

9 寻求派：17世纪许多英格兰清教徒脱离圣公会，组成小团体，寻求并等待神派来创立真正教会的新先知，这批信徒通称寻求派，为公谊会的前身。

10 狂言派：17世纪英格兰激进教派，提倡泛神论，认为神无处不在，强调对基督的内在体认，反对《圣经》权威。

和世上所有的牧师一样，在天堂和地上真正而有力地进行捆绑、释放。”

在一段时间里，各种独立教会允许女性就教会事务进行公开辩论和投票。到了17世纪40年代，一些教会，尤其是贵格会，则更进了一步。1659年，贵格会教徒福克斯[1]认为：“基督在男人中，也在女人中，他解救那些世俗律法之下的人……男女中的基督，在神的灵中，不在世俗律法之下。”

“基督的灵由神而来，既存在于男人中也存在于女人中，难道基督的灵……不能说话？”凯瑟琳·埃文斯和萨拉·谢弗斯[2]问道。女性越来越频繁地感到触动，受到神启，在集会甚至礼拜时发言，不过她们经常遭到激烈的反对。她们被斥责为“被骄傲冲昏了头脑”、“虚荣自大”，甚至是“篡夺男人的权威”。譬如，1646年约翰·维卡斯[3]满腹怨气地牢骚道：“胆大妄为的家庭主妇们……没有一

1 福克斯（Fox，1624—1691）：即乔治·福克斯（George Fox），英国脱离国教者，创立了基督教公谊会，即贵格会。

2 凯瑟琳·埃文斯（Katherine Evans，?—1692）和萨拉·谢弗斯（Sarah Chevers，?—1662）：贵格会女教徒。

3 约翰·维卡斯（John Vicars，1580—1652）：英国诗人和编年史家。

点儿女性的谦卑，高谈阔论，全然不顾使徒的禁忌。”

约翰·班扬[1]坚决反对女性的积极参与。他认为，撒旦无论如何都会诱惑更为软弱的夏娃，而不是亚当：“男人是礼拜的头领，是神的园子的守护者。”他把女性称为“头脑简单、意志薄弱的性别”。他引用《哥林多前书》[2]的观点，认为女人“不像男人那般是神的形象和荣耀，她们被置于男人之下”。他反对女性单独集会，认为这只会纵容“败坏体统”。他坚称：“我认为她们（女人）在祈祷时不应在整个教堂前面担任神的牧师。”进而，他语带讥讽地补充道：“要是那样，我就成了狂言派或贵格会教徒了。”在任何公开集会上，“她要做的就是闭紧嘴巴，安静地洗耳恭听”。

即便是到了17世纪70年代，勇敢的贵格会教徒玛格丽特·费尔[3]依然觉得有必要捍卫女性的良心独立和积极参与礼拜的权力。在一本名为《论女人说话之正当性》的小册子中，她强烈申辩道：“那些仅仅因为性别而否认……

---

1 约翰·班扬（John Bunyan，1628—1688)：英国清教牧师。

2 《哥林多前书》：《圣经·新约》中使徒保罗的书信体教义。

3 玛格丽特·费尔（Margaret Fell，1614—1702）：英国贵格会创始人之一，被称为“贵格会之母”。

图1 这个场景看上去带有一丝讽刺意味——尽管不知这种讽刺针对的是那位热情洋溢的发言者，还是那些心不在焉的听众？一位听众竟然睡着了，其他听众则表现出不以为然的样子。

耶和华的灵通过女人说话的人……反对基督和他的教会，他们是蛇的后代。”

有时她们引用先知约珥（Joel）来回应圣保罗的禁忌，称神的灵浇灌凡有血气的：

……你们的儿女要说预言，你们的老年人要做异梦，少年人要见异象。在那些日子，我要将我的灵浇灌我的仆人和使女。在天上地下，我要显出奇事，有血、有火、有烟柱。

对许多人来说，约珥所见的令人心醉神迷的幻象，在由内战和空位期所引发的种种社会巨变中显得特别重要；当时人们普遍觉得世界末日真的即将来临。比如，一个自称"第五君主国派"的教派认为，世界上四大世俗帝国——即巴比伦、波斯、希腊和罗马——已经一去不复返，第五君主国——基督的王国和圣徒的统治——即将到来。在这种狂热而动荡的大气候下，涌现出了大量的先知，他们中许多人具有革命思想。

具有讽刺意味的是，在这个领域，女性被认为应有的被动性和对外界影响的接受性，倒可以说是优势了：她可能会更容易、更乐于成为神的传声筒。在英格兰拥有广大读者群的比利时先知安东尼娅·布里格（Antonia

Bourigue），作了一番令人不安的双刃剑式的论证："他们应该容许神通过女人说话，只要他乐意如此，因为他先前曾经通过野兽对先知说话。"

但是在先知灵感和疯癫之间，在受神引导和被魔鬼操控之间，只有一线之隔。在17世纪的英格兰，女性依然因巫术而受到审判。更甚的是，女性先知很容易被人斥为疯癫而不予理会。例如，埃莉诺·戴维斯夫人（Lady Eleanor Davis）多年一直声称受到神启。1625年的某个清晨，她听到"一个来自天堂的声音，犹如号角般说出这番话：离最终审判日还有19年零6个月"。她接着出版了一些被视为预言的小册子，其中包括查理一世之死。她的丈夫烧掉了她的书；她常常被当作笑柄。由她的名字编成的字母换位游戏——埃莉诺·戴维斯夫人：没见过这么疯的女人[1]——被人们津津乐道。但是她对异象的狂热使她陷入了极大的危险，甚至连她的社会地位也无法让她免于叛国罪的指控。1633年，她因被控"（全然不顾自己的性别）竟不自量力地……不仅解释《圣经》……还要当女预言

1　字母换位游戏：即字母换位后构成新的单词或短语，这里指把 Dame Eleanor Davis 换成 Never so mad a ladie。

家”而在高等宗教事务法院受审，被处以罚金并被关入精神病院。但是到了空位期，她的许多预言似乎都应验了，于是她又恢复了正常生活。从1641年到11年后她去世时为止，她又至少出版了37本小册子。

另一位女预言家安娜·特拉普内尔（Anna Trapnel）在伦敦的一座浸礼会教堂体验到了某种神启。1652年时，她已经加入了第五君主国派。1654年，她陪同一位男性传教士到白厅去，结果在那里陷入昏睡，一连12天才醒。民众聚集到那里聆听她的预言——以及她对奥利弗·克伦威尔[1]及其政府的尖锐批评，这件事被收录在《白厅奇闻轶事》和《石头的呐喊》中。她坚持说——以诗体的形式——神的旨意既传给男人，也传给女人：

约翰不会被触怒

任凭这里的女仆歌唱，

任凭她们参与宣布

吾王的事务……

1 奥利弗·克伦威尔（Oliver Cromwell，1599—1658）：英国将军和政治家，为英国内战中议会派的主要将领，曾任英格兰、苏格兰和爱尔兰的护国公（1653—1658）。

当局把她定为疯子，但是依然要她出庭受审。她说："这份报告说，等到对簿公堂时我会哑口无言，会认识到自己是个女巫。"但是她的伶牙俐齿战胜了法庭，毫不动摇地继续她的预言。克伦威尔政府无疑将这类预言当真了；好几次，他和他的国务会议都因先知的预言而中断，停下来认真聆听，其中几位先知是女性。

指望借神启来实现妇女解放可能作用有限。后来的女权主义不再那么强调女性的精神平等，而是更多地转向争取自然权利，否认男女在智力上有任何差异。

但是这种宗教狂热的爆发却蕴含着政治意义。16世纪，再浸礼派[1]已经承认女人和男人平等，允许她们在集会上祈祷和发言。有一个教派自称"平均派"[2]，其女性成员尤为活跃，施展才华的舞台也更大，她们在政治上表现得相当睿智。该教派信奉"以神形而造者"人人平等，鼓励女性参加活动。在17世纪40年代和50年代初期，许多平均派妇女的丈夫都被关在牢里，她们屡次三番聚集在威斯

1 再浸礼派：16世纪英国激进教派，认为洗礼应该在成年人自行选择宗教后再进行，故经常为婴儿时受过洗礼的成年人重新施洗礼。

2 平均派：17世纪中期英国激进政治派别，认为在政府事务上人人都有发言权。

敏斯特——其做法十分类似今天的“示威”，要求释放她们的丈夫，同时也痛诉自己因此所遭受的艰辛。她们往往受到粗暴的对待，被斥责对自己不明白的事情指手画脚。1642至1643年间，妇女们举行请愿，要求和平，结果遭到遣散，还被鄙夷地称为“婊子，妓女，牡蛎妇人，厨房丫头”。300名妇女再次向上议院呈递请愿书时，遭到伦诺克斯公爵[1]的断然拒绝。他嚷道：“让这些女人走开！”随后又嘲弄地补充说：“我们最好有一个女人议会。”1649年5月，妇女们又组织了一次请愿，要求释放平均派囚犯。但请愿被驳回，还遭到嘲笑：“请愿不是女人的事，她们应该呆在家里洗盘子。”对此，妇女们满不在乎地反击道：“我们已经没有什么盘子可洗了。”

同年晚些时候，她们再次尝试请愿。多达1万名妇女又签署了一份请愿书，要求：

在你们的眼里，我们竟显得如此可鄙，都不配用请愿来向尊贵的议会表达我们的委屈。对此，我们只能感到既奇怪

1 伦诺克斯公爵（第四）（4th Duke of Lennox，1612—1655）：即詹姆斯·斯图尔特（James Stewart）、里奇蒙公爵（第一）（1st Duke of Richmond），苏格兰贵族，1624年承袭父亲的爵位。

又悲伤。难道我们不是和这个国家的男人一样同等享受《权利请愿书》以及这个国家其他法令中所涵盖的自由和安全吗？难道我们不像男人一样只有经过正当的法律程序才能把我们的生命、肢体、自由或财产从我们这儿拿走……

1,000名胸前佩戴着海绿色丝带的妇女把这份请愿书呈交给议会。她们又一次被不屑地遣散了。

不过，女性找到了培养自己行政能力的机会，这在贵格会中体现得尤为突出。在17世纪50年代，女性例会与男性例会同时召开。虽然一开始女性似乎偏重传统的女性事务，比如福利和道德问题，但是她们有机会建立起自己的、十分高效的组织，而且这种组织实际上掌控着相当多的资金。然而，历史学家们认为她们关注的范围在逐渐缩小。到了17世纪80年代，她们将自己局限于“女人的”问题。在此后的岁月里，她们专注于“适合我们的事情，比如说穷人，尤其是我们中那些贫困潦倒的人”。这其中包括帮助年轻男子找到学徒场所或工作，指导年轻女子从事“所有有益的事情”——包括相夫教子、操持家务，始终保持行为举止“谨慎、贞洁、端庄”。

第二章

世俗女权主义的开端

在世俗层面上，女性的自主也许难免会发展得更加缓慢。由于受到神启而作出“非女性化”的举动是一回事，而出于个人抱负作出离经叛道的举动就没那么容易了。为了耶和华神，公开演讲或提笔写作都是无可厚非的，而且还可以被称为神启的产物：“我乃无才无德的一个弱女子……若没有圣人之手的引导，我所能做的和铅笔或钢笔没有什么两样，”17世纪一位女性作家声称。此外，许多女性，无论是贵格会的还是其他教派的，都明显因为属于具有共同信仰和价值观的支持性团体而获得了信心。

但是，世俗的抱负则另当别论。当然，在许多世人的记忆中都还留存着一位杰出的英格兰女王，她知识渊博，博览群书。在罗杰·阿谢姆[1]的指导下，伊丽莎白能讲流利的拉丁语、希腊语和法语。阿谢姆这样称赞女王："她的头脑没有女性的软弱，她的毅力与男性并驾齐驱。"虽然她十分独断专行，但几乎从不支持其他女性。她对蒂尔伯里[2]驻军的那篇著名讲话（1588）体现出自己在女性和君王双重角色之间强烈的反差："我知道我拥有女人软弱无力的身体，但是我却有着国王的心胸和勇气，而且是英格兰的国王。"不过，对于一些英格兰妇女来说，女王的存在至少算是一种鼓励，使她们相信自己的才华，接受自身"非女子气"的志向。确实有一些保王派[3]妇女——在内战中丈夫不在身边时——勇敢地奋起保卫自己的家人和家园。安妮·布雷兹特里特[4]（诗人，生于英格兰，后移居美洲）在女王逝世40年后写道：

---

1 罗杰·阿谢姆（Roger Ascham，约 1515—1568）：英国人文主义学者和散文家，1548—1550年间奉诏担任伊丽莎白女王一世的老师，对女王影响很大。

2 蒂尔伯里：英格兰埃塞克斯郡瑟罗克区港口。

3 保王派：英国内战期间拥护英王查理一世的政治团体。

4 安妮·布雷兹特里特（Anne Bradstreet，约1612—1672）：首位在美洲殖民地写出有价值的英文诗歌的女诗人。

让那些说我们这个性别缺少理性的人

明白现在这样讲只是诽谤罪，过去却是叛国罪。

一部名为《女人的严厉复仇》(1640)的匿名作品颇具煽动性地申辩道，把女人排斥在知识殿堂之外是“男人们精心策划的，目的是为了确保自己的主宰地位得以延续”。巴斯阿·梅金[1]曾担任查理一世的一个女儿的家庭教师，她后来创立了一所女子学校，并负责学校的管理工作。她在《论复兴淑女在宗教、礼仪、艺术和语言诸方面的古典教育》一文中，强调了女性接受良好教育的重要性。“让女人变成傻子，”她说，“你们就好把她们当作奴隶。”她的书也许是，至少部分是，在为自己的学校和课程作广告，目标是家境殷实的女性。有趣的是，虽然她给女性提供了(当时依然难得的)学习经典的机会，但是为了使读者安心，她明确表示不会“妨碍女人成为贤妻良母，也不会让女人因读书而疏怠必要的家务”。而且，她透着一丝不安说道：“我无意谋求男女平等，更无意让她

1　巴斯阿·梅金(Bathsua Makin，约1600—1675)：英国早期女权主义者，被誉为17世纪“英格兰最博学的女性”。

们凌驾于男人之上。她们是性别的弱者。”

但是巴斯阿·梅金热情地歌颂了保王派女性在内战期间的表现：她们“像战士一样保卫自己的家园，像男人一样深谋远虑，勇敢顽强”。她对学识渊博的同时代女性，包括安妮·布雷兹特里特和纽卡斯尔公爵夫人[1]，不吝赞美之词。夏娃食禁果而使世界陷入罪恶这个圣经故事经常被用来批评女性，但在梅金看来，这不过是说明必须接受良好教育的一个最早例证。

许多早期世俗作家似乎都经历过一段艰难时期。1621年，玛丽·罗思夫人（Lady Mary Wroth，诗人菲利普·锡德尼爵士［Sir Philip Sidney］的侄女）开始写作十四行组诗，但她最终并未完成，而且直到20世纪方才付梓。组诗出版后，女性文学批评家们对她为这种通常极为男性化的诗体所带来的有趣而清新的视角进行了分析。但当年罗思夫人勇敢地**发表**散文体传奇《蒙哥马利伯爵夫人的乌拉尼亚[2]》后，却遭到恶意攻击，结果该书因被指诽谤同时代人

1　纽卡斯尔公爵夫人（Duchess of Newcastle，1623—1673）：即玛格丽特·卡文迪什（Margaret Cavendish），英国贵族、诗人、哲学家、剧作家和散文家。

2　乌拉尼亚：希腊神话中司掌天文的缪斯女神。

而遭禁售。她的社会地位也庇护不了自己。“工作吧，夫人，工作吧，”丹尼勋爵（Lord Denny）居高临下地向罗思夫人建议道：“但是唯独不要写书 / 因为比你聪明的女人从来不写作。”

任何胆敢发表作品的女性所面临的困境——其实就是公开的嘲讽——在纽卡斯尔公爵夫人玛格丽特·卡文迪什的遭遇中体现得淋漓尽致。她家世显赫，出身保王派的东英吉利亚领主之家，年轻时入宫，后陪伴亨丽埃塔·玛丽亚王后[1]流亡巴黎，在那里与当时的纽卡斯尔侯爵、即后来的纽卡斯尔公爵结识并成婚。她的特权——地位和财富——的确庇护了她；但是这些特权也连同她那张扬怪异的个人风格，尤其是毫不掩饰的文学抱负，一起使她很容易成为闲言碎语恶意污蔑诋毁的对象。她的婚姻是幸运的；年长她很多的公爵鼓励她写作。她的作品屡次遭到批评。针对其中的一次批评，公爵评论道：“一个女性写作，这就是罪过；如此侵犯男性特权，绝对不可赦免。”

1 亨丽埃塔·玛丽亚王后（Queen Henrietta Maria，1609—1669）：法国国王亨利四世之女，1625年与英王查理一世结婚，为英王查理二世和詹姆斯二世之母。

克里斯蒂娜·德皮桑

克里斯蒂娜·德皮桑（Christine de Pizan），生于14世纪的意大利，长于法国，据说是第一位以写作为生的西方妇女。她从父亲那里得到了良好的教育，丈夫过世后，25岁开始写作，收入足以养活3个孩子、1个侄女和她自己的母亲。她在自己最著名的作品《贵妇之城》（1404）中批评学术书籍散布“众多针对妇女及其行为的恶毒中伤”；三位寓言式的女性——理智、正直和正义——讨论了厌女症的根源。她认为，“内在品德更高的男人或女人更为高尚”；“一个人的贵贱不在于性别，而在于品行”。

1558年，纳瓦拉的玛格丽特[1]发表了《七日谈》，针对厌女症者的攻击为妇女辩护。玛丽·德古尔奈[2]在《论男人和女人的平等》（1622）中断言女人和男人在智力上是平等的：“亲爱的读者，如果你不属于这个一切美好事物都被禁止享有的性别，你是多么幸福啊。”1640年，安妮·玛丽·范斯许尔曼[3]在《论女性心智的学习能力》中坚持认为：“凡是能使人类头脑充满奇异而真切的愉悦的事物，同样适合人类中的女人。”

虽然从许多方面来看，卡文迪什的处境和大多数其他

1　纳瓦拉的玛格丽特（Marguerite de Navarre，1492—1549）：法国文艺复兴时期著名女作家，纳瓦拉国王亨利二世的王后。《七日谈》是她效仿《十日谈》创作的故事集。

2　玛丽·德古尔奈（Marie de Gournay，1565—1645）：法国女作家，蒙田的养女。

3　安妮·玛丽·范斯许尔曼（Anne Marie van Schurmann，1607—1678）：荷兰女诗人和文学家，被誉为17世纪最有才华的女子。

女性都不相同，但是她却非常感人地写出了女性共同的忧虑和烦恼，尤其是因子女而生的忧虑和烦恼："为他们幸福而操心，为他们作恶而忧虑，为他们生病而烦恼，为他们夭折而悲痛欲绝。"无论地位如何，女性无不为之所苦。

卡文迪什和夫君回到伦敦后，开始创作哲学诗。正如一位现代传记作家所说，她在"（女性和基督教）谦卑的美德"和自己的抱负之间左右为难。她理所当然地非常严肃地对待自己的作品，但是又经常被迫通过退守和自我贬低来为自己辩护。她抱歉地表示，写作是有闲妇女"无害的消遣"，总比无所事事地说邻居们的闲话要好得多。写作是一种"合乎体统和操守"的活动。她声辩道，不赞成这点的男人，只能希望自己的妻子和女儿"可以把时间花在不比诚实、天真而无害的幻想更糟的事情上"。

然而，卡文迪什的确从未将自己的作品当作无害的幻想。虽然她对剑桥和牛津两所大学拒女性于千里之外的傲慢姿态持批评态度，但她还是勇敢地将两本书题赠给它们。1653年，她出版《诗歌与幻想》时宣称，她之所以写作是因为"在这个时代，所有的英勇行为、公职、强大政府和雄辩的辩护都对我们这个性别关起大门……"言下之意是，写作本身可能是一种英勇行为；而对她那一代的任何女性来说，也许确实如此。此外，她在1655年发表的《哲学和物理学观点》中抱怨道：

> 我们被当作笼中之鸟，在自己的房子里上蹦下跳，不得翱翔于外面的天空……我们被拒于所有的权力和权威之外，由于我们从未得到过文职或军职，我们的意见遭到鄙视和嘲笑，我们最出色的成就在耻笑声中被践踏，因为男人们对自己过于自负，对我们则不屑一顾。

但事实上，她在写于初返伦敦之时而发表于1655年的《世界杂集》的序言中指出，"如果让我们上学，开发智力，增长知识，我们会和男人一样拥有清晰的理解力。"

但是尽管她满怀雄心壮志，不懈追求，却未抱什么幻想。甚至有时候，或许是在所难免，她会丧失勇气。她对读者看过自己的自传《真实关系》后的反应曾作过悲观的预言："既然没人关心她过去是谁的女儿，现在是谁的妻子，她有怎样的成长经历、命运或生活，那这位夫人为什么还要写自己的生活呢？"

果不其然，读者往往都是很刻薄的。日记作家塞缪尔·佩皮斯[1]怀着强烈而居心叵测的猎奇心理，于1667年在伦敦跟踪了她好几个星期，接着又读了她关于自己丈夫的描述，最后谴责她是“一个疯狂、自负而荒唐的女人”。虽然卡文迪什曾满怀希望地特地将两篇序言奉献给女性读者，鼓励她们将时间花在“任何能为我们这个性别带来荣光的事业上，因为这个性别是些从不奢求名望的可怜而沮丧的灵魂”，不过她承认，传统限制了女性的天赋，使她们之间充满妒意，挑剔彼此的成就，所以她也许会“遭到同性别同胞的非难”。她的确经常有此遭遇。与她同时代的多萝西·奥斯本[2]对纽卡斯尔公爵夫人的《诗歌与幻想》一书的反应，可悲地暴露出女性——甚至是知识女性——自己对女性写作不以为然的偏见严重到了什么样的程度。多萝西听说公爵夫人的书后，感到既震惊又可笑，于是给她的未婚夫威廉·坦普尔爵士[3]去信称：

1 塞缪尔·佩皮斯（Samuel Pepys，1633—1703）：英国海军军官，以所记日记闻名。

2 多萝西·奥斯本（Dorothy Osborne，1627—1695）：英国贵妇，以婚前写给未婚夫坦普尔的书信闻名。

3 威廉·坦普尔爵士（Sir William Temple，1628—1699）：英国政治家和外交家。

> 你要是见到这本书，务必给我寄一本；他们说这本书比她的衣着要过分十倍。当然了，这个可怜的女人是有点儿精神错乱了，否则她怎么也不会荒唐到要冒昧写书，还要用诗歌体来写。我半个月睡不着觉，也不会沦落到这一步。

不久，她又写信给坦普尔，告诉他不用费心了，因为她已经弄到了这本书，也已经读过了，“……而且确信疯人院里还有很多比较清醒的人”。但是，既有讽刺意味又令人感到相当可悲的是，奥斯本本人写给未婚夫的书信却展现了一位生气勃勃、感觉敏锐、能言善辩的女性形象。正如弗吉尼娅·吴尔夫所说：“那位没有受过教育、惯于独处的女孩子在遣词造句和描绘场景方面竟有如此的天赋。”吴尔夫暗示，若换一个时代，奥斯本本可以成为一位小说家。

有趣的是，在王政复辟时期，伦敦这样一个道德沦丧、自私自利的世界竟为女性提供了一些意想不到的机会。她们可以做演员，虽然这并不是社会所尊重的职业；事实上，女演员常常被当作妓女看待。但是此外还有一些女性成了剧作家：凯瑟琳·特罗特（Catherine Trotter）、

图2 纽卡斯尔公爵夫人玛格丽特·卡文迪什是一位睿智的作家，遇到凡是对被视为直言不讳或雄心勃勃的女性不友善的言行，她都予以有力的驳斥。

玛丽·曼利（Mary Manley）以及玛丽·皮克斯（Mary Pix），她们都有剧作问世——而且又都在1696年上演的《W. M.》中受到无情的嘲弄。玛丽·曼利在她首部剧作的开场白中预见到了她们都将会面对的困难：

> 大幕现在由一位女士之手拉起，
>
> 你们会叫喊：这名字预示着**软弱**，
>
> **流苏**和**香茶**才是她们全部心思的归宿。

在这些勇于开辟新天地、毫不畏惧这种讥讽的女性中，阿芙拉·贝恩[1]是最著名的一个。弗吉尼娅·吴尔夫窥见了些许贝恩的重要性，形容她为

> 一位中产阶级女性，拥有所有的平民美德：幽默、活力和勇气；一位由于丧夫且自己又遭某种不幸而被迫靠个人智慧谋生的女性，她不得不和男人在同样条件下工作。通过辛勤工作，她挣到了足以养活自己的钱。这一事实的意义要远胜于她实际所写下的任何东西。

距今更近一些的读者对待贝恩"实际所写下"的东西要认真得多——她是一位技艺纯熟且常常富有挑战性的剧作家，同时一些评论家发现她的生活几乎和她的剧作同样

---

1 阿芙拉·贝恩（Aphra Behn，1640—1689）：英国戏剧家、小说家和诗人，是英国第一位职业女作家。

有趣。在成为作家之前，她游历甚广——或许曾到过南美洲的苏里南；作为政府间谍，她肯定到过低地国家[1]。虽然她作为剧作家的声名最为显赫，但是她还创作了故事《一位贵族和他妻妹之间的情书》。一位近代传记作家令人信服地指出，这个被忽略的故事实际上是一部伟大的色情小说，它同时也是对浪漫幻想所具有的潜能和危险的一次深刻挖掘。

她经常被人指责淫秽下流——而男性剧作家却免受指责。亚历山大·蒲柏[2]是那些嘲笑她伤风败俗的人中最著名的一个："舞台上阿斯脱利亚[3]步履风情万种／曼妙地把所有角色都搞上了床。"贝恩为此作了有力的自我辩护：

如果我写的剧作署上任何一个男人的名字，而且没人知道是我所写，我向所有不带偏见的人请求评判，他们一定会说，这人写的都是好喜剧，和时下任何男人写得一样好。但该死的是，女人毁掉了诗人……我珍视名誉，有如我生为英雄那般。

---

1 低地国家：指欧洲西北部的荷兰、比利时和卢森堡三国。
2 亚历山大·蒲柏（Alexander Pope，1688—1744）：英国评论家和伟大诗人。
3 阿斯脱利亚（Astraea）：希腊神话中司掌正义的女神。

事实上，像《浪荡子》这样一部戏是一个冷静透彻的分析，展现了女人在和男人打交道时如何使用心计、讨价还价——以及不可避免地作出妥协，而男人则几乎千篇一律地被塑造成冷酷无情的剥削者。贝恩笔下的女主角海伦娜——靠集于一身的幸运、机智、精于算计和装扮技巧——在和损人利己的威尔莫尔的婚姻中获得了尊重（不过几乎可以肯定不会获得幸福）。但是有迹象表明，贝恩可能最同情的，也许甚至是最认同的，不是（多少有点）贞洁的海伦娜，而是妓女安杰莉卡·比安卡。正如现代批评家所指出的那样，女主人公和她的创造者拥有共同的初衷。具有讽刺意味的是，安杰莉卡骨子里是个理想主义者，孤苦无依地处于一群自私自利、工于心计的人中间。她相信引诱她的人所说的甜言蜜语，而在剧尾她遭到抛弃，留给她的只有苦涩和幻灭。贝恩的这种结局使我们心绪不宁，很不是滋味，满怀疑问，因为贝恩以及我们所同情的，毫无疑问都是不幸的安杰莉卡。在剧本附言中，她反驳了对她抄袭的指控（女性的才能特别容易受到冷嘲热讽，被一笔抹杀）。贝恩承认，虽然她可能从托马斯·基利格鲁[1]先前的一部作品中“窃取了一些线索”，但是“情节和动作（不是自夸）都是我自己的”。她接着说了一句模棱两可的话，似乎佐证了她个人对那个不幸角色抱有某种认同：“不怕各位笑话，我挂出安杰莉卡的招牌（唯一被窃取的**东西**）来**提醒**各位妙趣之所在。”[2]

1 托马斯·基利格鲁（Thomas Killigrew，1612—1683）：英国剧作家和剧院经理。

2 在《浪荡子》一剧中，高级妓女安杰莉卡挂出3幅自己的画像作为拉客的招牌，其中1幅被浪荡子威尔莫尔窃取。原文 where a great part of the Wit dwelt 为双关语，既可理解为“（本剧）妙趣之所在”，亦可理解为“一位伟大智者的居所”。

第三章

18世纪：执笔的亚马孙女战士[1]

1　亚马孙女战士：希腊神话中的野蛮部落女战士。Amazon 意为“没有乳房的”，据说亚马孙人会割掉女孩的右乳以便其拉弓射箭。

玛丽·阿斯特尔（Mary Astell）是最早的真正女权主义者之一，或许也是第一个探究并维护关于女性的思想的英国作家。时至今日，我们依然会认同这些思想，与之产生共鸣。在她一生中，她和其他女性打成一片，推心置腹，谈论她们遇到的共同问题。虽然她笃信宗教，但是她和17世纪教派里那些喜好争辩的前辈们没有什么共同之处[1]。她非常保守，终身追随保王党和高教会派；只有当她洞察到女性的生活受传统所限、思维没有得到开发训练时，才会变得激进起来。

阿斯特尔生于1666年，父亲是纽卡斯尔煤炭商，在她12岁时去世。青少年时期，阿斯特尔曾陷入极度抑郁。她

1　这里暗指16世纪的宗教改革及其在宗教界所引发的大争论。

写诗倾诉自己的孤苦和无情的现实——尽管她才思敏捷、满怀自信，却也无法想象自己会有什么像样的未来。21岁时，她写过一首诗，诉说自己的挫败感（其他许多女孩也一定有过相似的经历），并忧郁地承认，她想象不出会有什么生活能够让自己施展才华或实现梦想。

自然不允许我像寻常那样，
以入朝或报国，去博取
那宝贵的少许名声

她那时也许倾向于做传教士：

为土耳其人和异教徒
我或许能把福音传递
不遗余力地使他们悉数皈依
但是，唉，怎奈我的性别令我无能为力……

不过，几个月后，她仅带着一点儿盘缠和几位亲友的住址，离家开始了漫长而艰苦的伦敦之行，这一举动的确显示出了非凡的勇气。起初，她似乎曾在切尔西落过脚，并希望在那里度过余生。她有些远房亲戚住在那里，但是他们并不十分乐意帮忙。不久她便陷入了沮丧，看不到出路究竟在何方。1688年，她因“无法谋生”而感到绝望，便给坎特伯雷大主教威廉·桑克罗夫特（William Sancroft）写信求助：

既然**神**赋予了**男人**和**女人**同样智慧的**灵魂**，怎么能够禁止他们改善这些灵魂呢？既然他没有拒绝赋予我们**思考**的能力，为什么我们不能（至少为表感激之情）将我们的**思考**奉献于他这个最尊贵的**对象**之上，而不是把它们用在**琐事**、**作乐**和世俗**事务**之上呢？

桑克罗夫特大主教显然被她的聪慧和虔诚打动了，他送了些钱给她。不过，更重要的是，他们建立了联系。不久以后，玛丽·阿斯特尔便开始接触到一个知识女性的圈子，她们成了她的终生好友，同情并支持她的想法。1694年，她完成并出版了自己的第一本书——《对女士们的严肃提议》。她在书中敦促妇女们认真看待自己：她们必须学会独立思考，下工夫开发自己的智力、提高自己的技能，而不是一味地听从男人们的判断。她有一本书取名为《对教育的思考》，该书具有开拓性和真正的前瞻性——至今仍能引起人们的兴趣，因为她强调了女性接受良好教育的紧迫性。她认为，女孩子必须学会独立思考，清晰而理性地作出判断，而不是把时间都浪费在掌握优雅的社交技巧和才艺上。

> 如果我们把自己的功劳都置于他们［男人］的**名下**，认为自己所能够做的无非是可怜地去**征服**某个一无是处的**人儿**，而无力做一些**更为崇高的事情**，那我们也未免太抬举他们而过于贬低自己了。

阿斯特尔的文笔总是那么清楚、犀利，常常流露出睿智：“镜子所能为你做的，还不及你用自己的头脑认真自省时的一半。”

阿斯特尔的分析确实非常及时。一些现代历史学家认为宗教改革，尤其是许多女隐修院的关闭，客观上导致英国妇女更难受到任何形式的教育。阿斯特尔认为，女人和男人一样能干；她们所缺少的只是“培养、提高自身”的严格训练。她慷慨地支持其他女性，例如热情地赞扬玛丽·沃特利·蒙塔古夫人[1]出版的书信集兼游记——《土耳其信札》：

> 至少让她的**同性**来**公正地评判**她吧……正如我发自**灵魂**深处的那样，让我们尽情地享有**卓越天才**的**无上荣光**，为一个**女人**的成功而欢乐，并且自豪地追随她的步伐。

但是，“可怜的**女人**除了找个丈夫之外，可曾有人教她应该有一个更高的理想？”她在1700年出版的《对婚姻的一些沉思》一书中这样问道。她十分不情愿地承认，婚姻对于人类繁衍是必要的，不过她坚持认为妻子往往只是被简单地当作“**男人的高级仆人**”。她警告道，任何女人“不表现出**绝对服从**，就决不会被**丈夫**这样至高无上的**君主**所容纳”。她在自己的第一本书里描述了自己的理想：

1　玛丽·沃特利·蒙塔古夫人（Lady Mary Wortley Montagu，1689—1762）：英国贵妇，以书信闻名，尤其是与女权活动家阿斯特尔和安妮·蒙塔古夫人（Lady Anne Montagu）之间的书信。

建立一座世俗女隐修院，女人能在那里共同生活，遁出尘世，保持快乐和好学的纯真，“这样一个你们母亲**夏娃**所失去的伊甸园”。这个伊甸园里没有亚当的位置。在《对婚姻的一些沉思》中，她进一步阐述了这个想法，使其更加具体可行。她认为，无论女子未来命运如何，都需要建立女子大学，使她们接受全面的教育。也许在她看来更重要的是，这些大学还要帮助未婚女性；事实上，它们可以为某些女性提供人生选择，使她们过上不必依赖男性的生活。

随着名气渐长，阿斯特尔经常成为嘲讽和恶毒挖苦的对象。她最终停止了写作，但是她能够非常有效地发挥自己的影响力。1709年，她说服自己在切尔西的一些比较富有的熟人赞助开办了一所慈善学校。她的计划非常及时：在1699年5月至1704年之间，伦敦和威斯敏斯特地区已建立学校54所；到了1729年，该地区共有学校132所，许多女性积极参与到学校的规划和管理中来，并且逐渐加入了教学行列。

阿斯特尔对男性以及婚姻固执而严厉的否定态度无疑降低了她对许多女性读者的吸引力。但是她对于女权主义的伟大贡献在于，她以自己的方式敦促妇女正视自己，相信自己的判断，通过开发自己的天赋和自学，在生活中作出自己的选择。她坚持认为，自己的成就一点儿也不突出；她“没有任何**理由**觉得自己的**理解**比她的**同性们**更出色”。如果有什么区别，只是由于“她的**专注**、她对真理**公正无私**、**毫无偏见**的**爱**以及对真理矢志不渝的追寻，不畏重重阻力。这是每个**女人**都**力所能及**的”。

直到18世纪末，其他女性才能够像她那样清晰有力地发表看法，或者提出一个类似的、同样有力的女权主义纲领。但是在整个18世纪，女性的境况不断改变，而且并不总是越变越好。在一个日益资产主义化的社会，在家庭作坊或家族生意中和丈夫一起打拼的妇女越来越少。对女性来说，独立生活、养活自己或许更难了；而且，有看法认为，没有嫁妆找丈夫难度陡增。同时，接受教育的女性人数大增，她们至少学会了读写。在整个18世纪，“礼仪”书籍都是直接针对女性写的，虽然这些书大多教导的都是温顺、孝顺、贤淑等“妇道”美德，而且所有的书都极力强调端庄，这个品质也常被委婉地用作贞洁的同义语。但是，更多的女性自身也在写作和发表作品，而且体裁多种多样；她们为数众多，终于惹恼了那位了不起的约翰逊博士[1]，他花了不少时间嘲讽这些“执笔的亚马孙女战士”。

在这群具有女权意识的“亚马孙女战士”中，最出色的要数玛丽·沃斯通克拉夫特[2]。她的《为女权辩护》出版于1792年，直到今天依然对我们有直接的借鉴作用。然而她决不是孤军奋战。例如，凯瑟琳·麦考利[3]和沃斯通克拉夫特一样，是一名激进分子，对法国革命作出过深思熟虑的回应。1790年，麦考利写了《教育信札》，之前她已经出版了多卷本的《英格兰历史》。和玛丽·沃斯通克拉夫特稍晚些的说法一样，她在《教育信札》中声称，女性表面的软弱并不是天生的，而是教育误导所致。麦考利还抨击了性问题上的双重标准，坚称一次性经验并不会把一个处女变成荡妇。她坚决反对那种把女性当作“仅仅是男人财产”而无权支配自身的观念。

当然，她引起了一些读者的不安；正如一名男子不以

---

1 约翰逊博士（Dr Samuel Johnson，1709—1784）：英国著名诗人、散文家、评论家以及辞书编纂者，其警言佳句流传甚广，仅次于莎士比亚。辞书代表作为《英语词典》（*A Dictionary of the English Language*，1755）。

2 玛丽·沃斯通克拉夫特（Mary Wollstonecraft，1759—1797）：英国女作家和历史学家，被尊为女权主义哲学的奠基人。

3 凯瑟琳·麦考利（Catherine Macaulay，1731—1791）：英国女历史学家和激进政治作家。

为然地跟一位女性朋友所评论的那样："我曾经希望任何一个时代都有一个这样的女性出现，以此证明天赋并不受性别的限制……但是……你得原谅我，我们只需要**一个**麦考利夫人。"甚至像后来成为美国总统的约翰·亚当斯（John Adams）这样一位同情她的读者，也话里有话地称赞她是"一位拥有男性般高明理解力的女士"。玛丽·沃斯通克拉夫特知道麦考利的作品，她寄给麦考利一本自己写的《为人权辩护》，并附上一封信，信中说"你是唯一一位与我不谋而合的女性作者，我们都尊重我们这个性别所应该努力争取的在这个世界上的地位"。沃斯通克拉夫特写道："我不认为她的理解是男性化的，因为我不同意对理性作出如此傲慢的假设；不过我认为她的理解很明智，而且她的判断……证明，女人可以完完全全地作出判断。"她继续写道，她推崇麦考利是因为她"追求的是桂冠"，而大多数女人"追逐的只是花朵"。

玛丽·沃斯通克拉夫特1759年出生于一个后来并不太成功的中产阶级家庭。她早年的生活令人寒心地意识到那个时代提供给女孩的教育少得是多么可怜。大部分女孩都是在家受点教育——这种教育很少令人十分满意，教她们的要么是母亲，要么是缺乏训练的家庭女教师。在18世纪后半叶，为中产阶级女孩开设的私立学校蓬勃发展，但是许多这样的学校只注重教学生如何做到优雅、彬彬有礼，为日后的“美满”婚姻做好准备。沃斯通克拉夫特曾经在约克郡上过短期的走读学校，不过她主要靠自学。一位做牧师的邻居曾经借书给她看，她似乎如饥似渴地阅读这些书，不让自己接触任何“仅供消遣的东西，甚至连诗歌也不行”，而是“专注于需要理解力的著作”。

和她那个时代缺乏足够教育的许多女孩一样，她发现谋生艰难。19岁那年，她在巴斯谋得一份差事，给一位老妇人做伴，后来回家照顾濒死的母亲。此后，她靠做针线活儿勉强维持生计。她和妹妹们以及密友范妮·布拉德（Fanny Blood）一起在纽因顿格林开办了一所学校，但是很快就失败了（鉴于她们既无经验，又缺乏训练，失败也就毫不奇怪了），不过她至少在那个地区的新教知识分子中间结识了一些朋友。范妮不久之后结婚，陪伴丈夫去了葡萄牙。1785年，范妮即将临产时，沃斯通克拉夫特去了里斯本，但是她的朋友却死于难产，令她伤心欲绝。1786年，她短暂地受雇于爱尔兰贵族金斯勃罗家族，担任家庭女教师（依然没有受过任何训练）。她厌恶雇主，看不惯他们的生活方式，因此满心怨愤，郁郁寡欢。后来她回到家里照顾产后精神崩溃的妹妹。

她三十出头时，激进的出版商约瑟夫·约翰逊（Joseph Johnson）让她为自己新创刊的《分析评论》工作，将她从麻痹性抑郁中拯救了出来。她开始定期为他写写评论，做做翻译。显然，她通过阅读与写作进行了自学。此外，这份工作，以及她与通过约翰逊认识的那些激进知识分子之间的友情，增强了她写作的自信。1787年，约翰逊出版了她的第一本书《论女儿的教育》。本书论述有力，呼吁给予女孩机会，让她们发展神赋予她们的才智。不过，本书的真正力量在于其中所蕴含的一股个人情感，一种显然源于她自己在获得教育过程中的种种艰辛的尖刻和紧迫感，以及她对众多时髦妇女轻薄言行的蔑视。此后不久，她又出版了《玛丽，一个故事》。本书虽然文笔显得粗糙，却讲述了一个女孩在一个没有给她提供多少支持和机会的社会里如何成长的有趣故事。（她的两部小说的标题，即《玛丽，一个故事》和后一部没有完成的《玛丽亚；或女人之委屈》，都清楚地暗示这些故事直接取材于她本人的经历。）玛丽聪明且富有“情感”，为了在一个没有给她多少机会的社会里获得成功而奋斗。沃斯通克拉夫特提出——并且开始探讨——一些有趣的情感悖论。她的女主人公一方面强烈地反抗男性主宰和男性暴力，但另一方面却依然梦想着父爱般的呵护；她既同情自己终成牺牲品的母亲，又对她充满怨恨。那位年长的妇人被刻画为懒懒散散，把时间耗费在阅读情感小说上，满脑子都是恋爱场景。最终，在经历了一系列失败后，玛丽决定为他人而活，做一个本分的“有女人味”的女人。可悲的是，她的人生就是她母亲的翻版。沃斯通克拉夫特可能缺乏充分的技巧来展开笔下的人物，这本书并未引起广泛的评论，但是它依然令人着迷、发人深省，探讨了她自己所面临的一些两难困境。

到了1790年，沃斯通克拉夫特觉得自己已经具备足够的自信去谈论政治问题。《为人权辩护》向埃德蒙·伯克[1]立场保守的《关于法国革命的感想》发起了猛烈的抨击，有时甚至是刻薄的人身攻击。她指责伯克多愁善感，简直有一种腻歪的女人气；她把他比作“名媛”，挖空心思招

1 埃德蒙·伯克（Edmund Burke，1729—1797）：英国政治家和政治思想家。

人爱怜；他是个幻想家，而不是严肃的思想家。继而，她伟大的女权主义论著《为女权辩护》于1792年出版。她挺身而出，“为我这个性别而非为我个人”大声疾呼，不过她也承认“在跌宕起伏的人生中，大部分斗争都是由我这个性别所处的受压迫状态引起的”。她将法国革命中所主张的**人**的权利扩展到了**女人**，这一步看似简单，却甚为关键。

如果男人的各种抽象权利经得起讨论和解释，由此类推，女人的权利也不会畏惧同样的检验……如果女人和男人拥有同样的理性禀赋，那么是谁让男人来做独一无二的裁判的？

沃斯通克拉夫特承认，在她所处的时代女人**的确**低人一等。她们从出生起就遭受压迫，得不到教育，被与现实世界隔绝开来，因此大部分女性难免会变得无知而懒惰。

她们从孩提时代起就被教导美貌是女人的权杖，大脑也要和肉体保持一致，在它那镀金的笼子里漫步，一心想着膜拜自己的牢笼。

男性的殷勤和奉承都被看作只是企图给女人画地为牢，最“有女人味”的女人是最能满足男性幻想的女人。她指出，女子气通常只是一种人为的构建，建立在阶级基础之上，不过就是对教养——或者说所向往的教养——的一种急切的展示。女孩子们还是幼儿时就开始**学习**如何做女人。随着年龄增长，由于别无选择，她们便利用起这种女子气。她认为，这无异于间接承认女性低人一等。但是，女性并非“天生”低人一等，正如穷人并非“天生”愚昧无知一样。此外，她还说自己所认识的做事有理性或展现出任何才智的女性，无不恰巧都在孩提时代被放任自流。她不仅有力地为改进女孩教育而争辩，也为至少**普及**9岁前教育而呼吁，这在她的时代是绝无仅有的。

奥兰普·德古热[1]

1791年，在大革命时期的法国，奥兰普·德古热发表了《妇女和女性公民权利宣言》，清晰有力地宣布：女人生来自由，而且和男人平等。在德古热的描述中，过去一个美丽可爱

1　奥兰普·德古热（Olympe de Gouges，1748—1793）：法国女权主义剧作家和记者。

的女人可以获得数不清的财富，但是她比奴隶好不了多少。现在，至少在理论上，她享有自由权、财产权、安全权以及反抗压迫的权利，因此也应该能够自由地走上讲坛发表演说——正如有时候她不得不走上断头台。和男人一样，她也受到法律的约束，也会依法遭到起诉和审判。但是，这就意味着女人也应该在公共生活中、在法律和税收决策中承担同等的责任，并且有权要求男人承认他自己的子女。过去，无论已婚妇女还是未婚妇女都处于劣势地位，靠姿色过活。德古热坚定地认为，在未来，妇女必将自由地参与男人的所有活动。在更为实际的方面，她勾勒出一份详尽的“社会契约”，凡选择过共同生活的女性——和男性——均受这份契约保护。

沃斯通克拉夫特指出，任何女人想要表现得像人，都要冒被贴上“男性化”标签的风险，而且她承认在自己这个性别里，害怕别人说自己没有女人味这种观念根深蒂固。但是如果“男性化”意味着做事有理性、有节操，她建议我们都应该“越来越男性化”。虽然她为女性的**潜在**力量——她们从事所有智力活动的能力——而辩护，她却严厉批评同时代很多女性的**现实**表现。“从婴孩时代就受到母亲的言传身教”，要她们必须找一个男人来养活自己，于是她们学会了如何施展魅力、装扮外表，直至找到一个愿意养活她们的男人。她们很少思考——也没有什么真正的情感。不过，沃斯通克拉夫特同时也承认，虽然改进教育对女性至关重要，但是它并不能改变一切："男人和女人在很大程度上都必须接受自身所处社会的观点和行为方式的教育"；如果没有激进的社会变革，就不可能有真正的"女性行为革命"。她觉得在现状下这么多妇女无知、懒惰、缺乏责任感并不令人惊讶。

有趣但也相当可悲的是，其他女性——甚至是一些相当有学识的女性——也对沃斯通克拉夫特提出了极为严厉的批评。例如，汉娜·莫尔[1]甚至拒绝阅读沃斯通克拉夫特的书，因为书的标题就"荒谬无比"；而汉娜·考利[2]则忸忸怩怩地抗议道："政治**不是女人的事**。"

时至今日，沃斯通克拉夫特的《为女权辩护》乍一看似乎已经过时。但是她是一位有力的作家；她的文章朴实无华、文笔生动，往往一针见血。本书仍然非常值得一读，而且它依然是当代女权主义的一部奠基之作。她的论述中颇多循环论证，而且由于探索性强，经常涉及新的领域，所以有时候似乎有些令人费解。她敏锐地、有时甚至

1 汉娜·莫尔（Hannah More，1745—1833）：英国宗教女作家和慈善家。
2 汉娜·考利（Hannah Cowley，1743—1809）：英国剧作家和诗人，被称为18世纪后期最重要的剧作家之一。

是苦涩地意识到了女性在她所处的社会里所遭遇的种种个人困境。例如，她认为对童年的理解是任何自知的关键所在。能够认识到自身的幼稚对成熟来说至关重要："在我能够对我的整体存在形成一点认识之前，我一定会心满意足地像个孩子一样又哭又跳——渴望得到玩具，而一旦得到又会很快厌倦。"几个月后，她给哲学家、小说家威廉·戈德温（William Godwin）写信，难过地说："我的想象总是背叛我，让我陷入新的痛苦，而且我想我到这一章终结时都还是一个孩子。"

正如上文所言，沃斯通克拉夫特的小说《玛丽，一个故事》部分基于她自己的童年以及她与父母之间紧张的关系，是探索女性成长过程的一个有趣尝试。（它偶尔还对女主人公的**情感**不吝溢美之词，正是这种真实感受的能力使她与众不同。）沃斯通克拉夫特痛苦地认识到，童年迷茫的情感往往会主导、甚至扭曲成年的各种关系，书中对此作了描述；在我们的一生中，我们可能会不自觉地重新上演那些植根于过去的一出出戏剧。她在《为女权辩护》中说，女人几乎没有受到过什么鼓励去成为真正的成年人；她们"在还是孩子时就被制造成女人，而在她们可以永远离开学步车时却被带回童年”。但是任何女孩，“只要她的精神还没有被懒散所压抑，她的天真还没有被虚假的羞耻所泯灭，她就永远是一个顽童，洋娃娃永远也无法让她兴奋，除非把她限制得别无选择”。

在《关于教育的思考》中，她坚称婚姻的基础应该是友谊和尊重，而不是爱情；在《为女权辩护》中，她不屑一顾地声称，大部分女性为爱神魂颠倒，梦想着与某个真正爱自己的理想男人相爱而得到幸福，这不过是因为她们的生活极度空虚而已。不过沃斯通克拉夫特自己并未做到言行如一，她默认自己所研究的问题并没有简单的解决办法。但正是部分因为如此，她才成为魅力持久的作家。她悲哀地承认，即使是最有理性的人也可能会成为“狂热而持续的激情”的牺牲品；正如她付出了代价后所发现的那样。1793年，她去巴黎时遇到并爱上了美国冒险家吉尔伯特·伊姆利（Gilbert Imlay）。在经历了最初的一段甜蜜之后，她在信件中开始抱怨他明显对自己不闻不问，流露出越来越多的绝望。她怀了伊姆利的孩子，心情万分沮丧，但依然努力地写作《法国革命起源与进程历史综览》。她对法国革命中女革命者的态度至少可以说是比较暧昧，考

图3 玛丽·沃斯通克拉夫特是最早为妇女权利——以及她们经常遭受的不公正待遇——奋笔疾书的英国女性之一。她文风雄辩有力，语气有时义愤填膺。她的作品长盛不衰，许多现代女性依然如饥似渴地阅读她的作品，并大加赞赏。

虑到她的个人情况，也许是受到了焦虑情绪的影响，急于以此显示自己的高贵。1789年10月，巴黎的女商贩们游行到凡尔赛宫，冲进宫殿向国王提出抗议，沃斯通克拉夫特却毫无同情之心。她对此无比恐惧，说她们是“市民中最低贱的垃圾，一群抛开一种性别的德行而只会吸取另一种性别的恶习的女人”。

孩子范妮出生后，她为了伊姆利的生意（带着孩子和保姆）去了瑞典。她此行的《信札》于1796年出版，（和她从巴黎写的信件不同，）既有洞察力又引人入胜。但是当她回到伦敦时，却发现伊姆利和另一个女人同居了。她跳泰晤士河自杀未遂，最终嫁给了威廉·戈德温。

她于1797年去世，身后尚未完成的第二部小说《玛丽亚；或女人之委屈》是一部纯粹的情节剧[1]；但是也许**只有**情节剧的夸张才有助于她抒发对于女性处境所一直怀有的愤怒和挫败感。她的女主人公玛丽亚被歹毒而奸诈的丈夫送进了疯人院，因为他觊觎她的财产。“难道这世界不就是一个大监狱，女人们天生就是奴隶吗？”她问道。

1 情节剧：西方感伤戏剧的一种，追求耸人听闻的奇异情节和壮丽场面，大多表现善恶斗争，结局通常惩恶扬善，皆大欢喜。

或许这本书最有趣的部分是玛丽亚和她的看守（一个叫杰迈玛的女人）成了朋友。玛丽亚发现杰迈玛遭遇之悲惨绝对不亚于自己。杰迈玛童年饱受典型的恶毒继母摧残，之后被赶去当学徒，结果惨遭师傅强奸而怀孕。孩子流掉后，杰迈玛成了小偷，遭人诱奸后又被抛弃，于是开始在“名声不好的院子”[1]里工作。她逃到一家济贫院寻求庇护，后来被疯人院老板雇用，最终发现疯人院的老板竟也盘剥压榨疯人院里的病人。这部小说里尽管有各种哥特式的夸张，但是却提出了一个激进的观点：在男性主宰的世界里，中产阶级女性和工人阶级女性都可能会发现自己遭到掠夺而无可奈何。

沃斯通克拉夫特最后一部小说遭到一位男性友人的批评，她为此愤怒地辩护道：

> 您居然认为玛丽亚的遭遇无足轻重，我对此感到既气愤又惊讶；我只有想到您是男性，才能解释您这种——恕我直言——缺乏怜悯之心的表现。

1 “名声不好的院子”：即妓院。

她的这个意见非常严肃，这也是她留给后世的遗产：女人必须大胆说话，讲述她们自己的生活经历，表达她们的切身感受，说出她们自己的希望和被欺骗、被不公正对待的感觉。

沃斯通克拉夫特留下的笔记勾勒出了笔下女主人公极为惨淡的未来："丈夫强迫离婚——情人背叛——怀孕——流产——自杀。"沃斯通克拉夫特很可能从未想过要为她安排一个令人信服的圆满结局。她本人虽然十分短暂地在威廉·戈德温那里获得了安宁和满足，却在结婚几个月后死于生产。这是她的第二个孩子，也取名玛丽，长大后将会嫁给诗人珀西·雪莱[1]，写出那部非同寻常而又令人不安的小说——《弗兰肯斯泰因》。

小说

在整个18世纪，越来越多的女性开始阅读散文体小说，因为其中反映或评论了她们自身所怀有的希望和遭遇的困

1 珀西·雪莱（Percy Shelley，1792—1822）：英国浪漫派诗人，一生追求个人解放与社会正义，是英语文学中最伟大的诗人之一。玛丽·雪莱（Mary Shelley，1797—1851）：英国传奇和哥特式小说家。

难。但是她们自己也在写小说，所探讨的往往都是自己生活中的机遇和问题。她们中有些人专注于描写日常家居生活；她们中的佼佼者——范妮·伯尼（Fanny Burney），有时当然也包括简·奥斯汀（Jane Austen）——则会就女孩所面临的选择提出严肃的问题，特别是涉及婚姻及其后果的问题。

“哥特式”小说通过离奇的情节来表现同样的问题，极受读者追捧。在许多故事中，纯真无邪的女主人公发现自己身陷一个噩梦般的世界，不得不奋力反抗企图夺走自己贞操乃至生命的恶汉。塞缪尔·理查森[1]笔下的女主人公——帕美勒（1741）最终赢得了自己的男人，而克拉丽莎（1748）则充满了悲剧色彩——的“情感”这个特点被表现到了极致。安·拉德克利夫[2]的《尤道弗的神秘事件》（1794）和《意大利人》（1797）比沃斯通克拉夫特的《女人之委屈》稍晚一些，是后者的翻版，不过要更为老练一些。简·奥斯汀在《诺桑觉寺》（1818）中情有独钟地戏仿了哥特式的夸张离奇。然而，虽然她笔下天真的女主人公在幻想上要略逊一筹，却要面对更为糟糕的东西：十足的自私和残忍。哥特式小说的过分铺陈为女性读者及作者提供了一个有效的途径，使其得以发掘自己的情感，直面自己关于男人、婚姻以及个人生活中各种选择的阴暗幻想和恐惧。

1 塞缪尔·理查森（Samuel Richardson，1689—1761）：英国小说家和出版商，其小说《帕美勒》常被称为英国第一部小说。
2 安·拉德克利夫（Ann Radcliffe，1764—1823）：英国最具代表性的哥特式小说女作家，擅长在恐怖描写中加入浪漫气氛。

第四章

19世纪早期：变革中的女性

19世纪，女性的诉求得到越来越广泛、越来越清晰的表达——或许这是对当时出现的真正“女子气质”形象作出的反应，随着世纪时光的流逝，这种“女子气质”似乎变得愈加狭隘：成了一种建立在阶级基础之上的有关教养和优雅的理想。但是，虽然许多女性（以及男性）雄辩地宣讲自己的观点并且身体力行，不过直到这个世纪下半叶，才开始出现有组织的运动——尤其是争取改进女性教育、外出工作机会、修改涉及已婚妇女的法律以及选举权的运动。

1843年，已婚妇女玛丽恩·里德（Marion Reid）在爱丁堡出版了《为女性申辩》，被誉为继玛丽·沃斯通克拉夫特的《为女权辩护》之后女性所作的最彻底、最有效的申述，这个评价毫不为过。里德涉及了改革者们在这个世纪余下的时间里所专注的大部分领域，然而本书并未得到应有的关注。（当时，本书读者众多，数次再版，不过它似乎在美国比在英格兰更受欢迎。）同时代的人——她承认这些人大多是女性——自信十足地谈论“女人的领域”，把女人味和自我牺牲画上等号，里德对此作了冷静而大逆不道的分析。“有女人味”的举止实际上就是“关心体贴丈夫，保持子女干净整洁，用心料理家务”。但是里德比同时代的任何人都更坚定地认为，这种貌似崇高伟大的“自我牺牲”实际上通常包含着“极其可耻的自我泯灭”。

大部分女孩所受的教育只会“束缚和限制”她们。她声称：“任何独立思考的表现都会马上受到压制……大部分女孩都被驯服成了机器人。”许多女性为了“能够接受良好扎实的教育”，所面临的几乎是无法逾越的困难，里德对此也进行了严厉的批评。大部分女孩被抚养得“机械地履行职责……而她们自己的头脑却始终陷于贫瘠和荒芜之中”。这个教育问题在整个19世纪都一直显得举足轻重；自玛丽·阿斯特尔和玛丽·沃斯通克拉夫特时代以来，看来几乎没有什么改变。女孩教育——无论在家受教于往往本身也没有受过什么正规培训的女家庭教师，还是在难如人意的学校学习——始终是有一搭没一搭的。

虽然里德认为大部分女性都是以“一种冷漠、生硬、机械、没有爱、无精打采的方式”对待家务，她还是谨慎地承认女性有责任做家务。她承认，现实生活中，家务活儿一定会占据女性生活的一部分，“甚至或许是主要部分”。但是她认为女人没有理由一定要被**限制**在家务劳动中。她略带迟疑地承认，她可以部分地“委身”“于男人”。但是，她问道：“如果女人的权利和男人的不一样，那么她们的权利是什么？”她承认，在某种意义上“女人是为男人而生，但是从另外一种更高层次的意义上说，女人也是为自己而生”。在她看来，无知并不等于美德。

但是，生活在“枷锁之下”的已婚妇女无权处置自己的财产；甚至连自己的劳动成果也要听凭丈夫的处置。只要丈夫愿意，他可以将其据为己有，“肆意挥霍浪费”。更有甚者，“她的孩子，和她的财富一样，也是她丈夫的财产”。

对于那个时代来说，里德最激进的言论是她坚称“女子气质”和参政投票一点儿也不矛盾。毕竟，女人和男人一样，是“有理性、有道德、负责任的动物”。她小心翼翼地声明，她并不特别希望看到女议员的出现；很可能没有几个女性会“同意被选中”，也没有几个投票人会选择她们。但是如果真的有女性“有能力或者愿意跨越自然的阻碍”，她认为没有理由不让她们参加竞选。

19世纪最著名的两篇女权辩护出自男性之手，不过两位作者——威廉·汤普森[1]和约翰·斯图尔特·穆勒[2]——都承认受到了自己妻子的影响和启发。有趣的是，这两位女性都受过良好教育而且口齿伶俐，却都不愿意站出来为自己说话。这是由于害怕打破习俗用自己之口说话而感到紧张呢，还是仅仅出于一种策略上的考虑，认为男人的辩护会更受重视呢?

1825年，出生于爱尔兰的威廉·汤普森出版了他的《人类的一半女人对人类的另一半男人得以维护政治奴隶制以至公民和家庭奴隶制的权力的控诉》。他形容这本

1 威廉·汤普森（William Thompson，1775—1833）：爱尔兰政治学家、哲学家和社会改革家，从实用主义立场出发批判资本主义对劳工的剥削和对女性的压迫。

2 约翰·斯图尔特·穆勒（John Stuart Mill，1806—1873）：英国哲学家、经济学家和政治评论家。

书“至少是一个男人和一个女人”对“人类一半成年人受欺压的抗议”。这本书是献给孀居的安娜·惠勒（Anna Wheeler）的，感谢她所给予的灵感。安娜·惠勒15岁时就被嫁人，和丈夫育有6个孩子。但是安娜发现丈夫是个酒鬼后，鼓起勇气离开了他。1818年，她在法国呆了些时间，在那里接触到了空想社会主义者。两年后，丈夫去世，她回到伦敦，因热衷改革运动而出名。她遭到了像本杰明·迪斯累里[1]这样的人物的攻击。迪斯累里讽刺安娜“界于杰里米·边沁[2]和梅格·梅里利斯[3]之间，非常聪明但革命得可怕”。

汤普森赞成并表达了安娜·惠勒的激进观点。他在给她的信中写道：“我听说您愤然拒绝了和男人这种东西彼此平等的恩惠，我愿和您一道平等地促进两性进步。”本书集中关注的是已婚妇女的境况，当时已婚妇女已经沦为

1 本杰明·迪斯累里（Benjamin Disraeli，1804—1881）：英国政治家，两度出任首相（1868，1874—1880），为现代保守党的成立奠定了基础。
2 杰里米·边沁（Jeremy Bentham，1748—1832）：英国哲学家、经济学家和法学理论家，功利主义最早的和主要的阐释者。
3 梅格·梅里利斯（Meg Merrilees）：一个半疯癫的吉卜赛女人，为司各特（Sir Walter Scott，1771—1832）的《盖·曼纳令》（*Guy Mannering*，1815）一书中的重要角色。

“一份会移动的财产、一个永远听凭男人使唤的仆人”。对于已婚妇女而言，家变成了“牢房”。房子本身，连同房子里的一切，都属于丈夫，“而且在他所有的附属物里，最低贱的要数他的生育机器——妻子”。事实上，已婚妇女就是奴隶，她们的境况比“西印度群岛的黑人”好不了多少。母亲们被剥夺了对子女和财产的权利，大部分都被当作“上等佣人”使唤。

本书部分是为了回应詹姆斯·穆勒[1]的《论政府》一书。该书当时非常有名，认为女人不需要政治权利，因为她们的父亲或丈夫足以代表她们。“那些既没有父亲也没有丈夫的女人怎么办呢?”汤普森问道。接着，他不遗余力地严词抨击了认为夫妻权益始终如一的愚蠢想法，痛斥这种不公正的情形。他还盼望有一天，所有阶级的孩子，无论男孩还是女孩，都将获得平等的待遇，接受平等的教育。

安娜·惠勒后来成为一位有影响力的女权作家和演说家。可悲的是，她自己的女儿强烈反对她的激进思想，声称她

1　詹姆斯·穆勒（James Mill，1773—1836）：英国哲学家、历史学家和经济学家，为哲学激进主义的重要代表。

不幸深受法国革命恶毒谬论的影响，那时这种谬论几乎已经传染了整个欧洲，而且……她还深受沃斯通克拉夫特夫人的书所毒害。

有趣的是，威廉·汤普森也批评过玛丽·沃斯通克拉夫特，但批评的理由却正好相反：他批评她“眼界狭窄”，“结论中透着胆怯和无能”。（或许这暴露出他本人缺乏历史意识。）不过他号召女性对教育、公民权利和政治权利提出自己的要求。他感到，从长远来看，这也会使男性受益：

既然奴役你们使男人戴上了无知和专制的枷锁，解放你们会使他们获得知识、自由和幸福。

1869年，约翰·斯图尔特·穆勒出版了《论女性的从属地位》，书中也认为奴役女人是错误的，是“人类进步的主要障碍之一”。（具有讽刺意味的是，他是詹姆斯·穆勒的儿子，而詹姆斯·穆勒对于女性的保守观点则使威廉·汤普森义愤填膺。）1830年，穆勒结识了哈丽雅特·泰勒（Harriet Taylor）并深受她的影响。哈丽雅特当时已经结了婚，有两个年幼的儿子。两人保持了近20年的亲密友谊，最终在1851年哈丽雅特丈夫去世两年之后得以结婚。1851年，哈丽雅特在《威斯敏斯特评论》上发表了一篇关于“妇女选举权”的短文。她还写过一些文章抨击婚姻法，宣称女人对她自己所生的孩子拥有权利和义务。不过有趣的是，这些文章都没有发表。当她最终和穆勒结婚后，他说他感到有责任发出“一个针对现行婚姻法的正式抗议”，理由是现行婚姻法赋予男性“合法控制婚姻另一方的人身、财产和行动自由的权利，丝毫不考虑女性自己的意愿和意志”。穆勒承认

这个观点之前在我心里不过是一个抽象的原则……《论女性的从属地位》这本书针对女性能力受限的大量实际遭遇所表述的看法，主要都是来自她（哈丽雅特）的教诲。

穆勒在《论女性的从属地位》中的论述基于他的信仰，他认为当时存在的——而且显然是不平等的——两性关系决非自然的结果。“有主导权的人会认为这种主导权

不是天经地义的吗?”他问道，并举例说美国奴隶贸易的获益者一直到那时都在为奴隶贸易辩护。我们现在称之为女子气质的东西是人为制造出来的，“是朝着某些方向强制性压迫、朝着其他方向不自然激励的结果”。他似乎是逐渐才认识到这一点的，很可能是受了哈丽雅特的影响。1832年，他们相识后不久他还曾写信跟她说：“女性伟大的职责应该是**美化**生活……把美、精致、优雅四处播撒。”

19世纪美国女权主义

在19世纪的美国，女权主义兴起于废奴运动。女性在废奴运动中表现得非常活跃。从19世纪30年代开始，废奴团体数量激增。但具有讽刺意味的是，一些废奴团体只接纳白人。在1840年伦敦召开的世界废奴大会上，与会的美国代表中便有伊丽莎白·卡迪·斯坦顿（Elizabeth Cady Stanton）。但是大会禁止妇女参加辩论，这促使斯坦顿和柳克丽霞·莫特（Lucretia Mott）成为女权主义者。1848年，她们在纽约州塞尼卡福尔斯组织了一次妇女大会，并为妇女、也为黑人争取包括选举权在内的各项权利而奔走呐喊。萨拉·格里姆凯（Sarah Grimke）和安吉利娜·格里姆凯（Angelina Grimke）姐妹出身于南方蓄奴家庭，却皈依了贵格会，成为热情而卓有成效的废奴运动者。1836年，安吉利娜发表了《致南方诸州基督教妇女的呼吁书》，两年后又发表了《两性平等信札》。她愤怒地反驳了批评她有违妇道的言论。奴隶出身的索杰纳·特鲁思[1]嘲笑了那些固执地认为女人需要男人保护的教士们。她在南北战争和奴隶解放之后慷慨陈词，抨击虽然给予先前的奴隶选举权——却仅限于男性。1920年，妇女获得了选举权。然而直到1970年，选举权才赋予全体黑人。

但是在《论女性的从属地位》中他否认

任何人都知道，或者是能够知道，两性的本质，只要观察角度不超越彼此间的现存关系。所有道德准则和当世舆情都告诉他们，女性的职责和天性就是为他人而生。

他认为，鉴于女性所受教育之匮乏，生活圈子之狭窄，女性尚未提出什么"真知灼见"并不令人惊讶。他还宣称她们尚未创作出"她们自己的文学"，这种说法倒更加令人怀疑了。安·拉德克利夫、范妮·伯尼、简·奥斯

1　索杰纳·特鲁思（Sojourner Truth，1797—1883）：美国黑人女传教士、废奴运动者和女权运动者。

汀、苏珊·费里尔[1]以及勃朗特姐妹[2]：她们似乎都未进入他的法眼。

穆勒相信，在理想的世界里，男人和女人会彼此类似：男人会更加无私，而女人也会从社会认为她们应该具有的“夸张的自我克制”中解脱出来。穆勒从未论及离婚问题。但是他坚持认为，不立刻给予女性和男性同等条件的选举权是不公正的。他表示，事实上她们中有许多人都比现在的某些投票人更值得拥有选举权。1866年，穆勒将女性的第一份选举权请愿书递交议会，而且提议对1867年通过的《改革法案》作出有利于女性的修正。

一些现代女权主义者批评穆勒，说他关注的几乎都是已婚妇女，而忽视了诸如女儿或单身女性的处境。但是已婚妇女——正如里德和汤普森早先曾经认识到的那样——至少从法律上说，确实是特别脆弱无助的。妻子所可能面临的问题在臭名昭著的卡罗琳·诺顿（Caroline Norton）

1　苏珊·费里尔（Susan Ferrier，1782—1854）：英国小说家。

2　勃朗特姐妹（the Brontë sisters）：英国作家，即夏洛蒂·勃朗特（Charlotte Brontë，1816—1855），代表作为《简·爱》（*Jane Eyre*，1847）；爱米丽·勃朗特（Emily Brontë，1818—1848），代表作为《呼啸山庄》（*Wuthering Heights*，1847）；安妮·勃朗特（Anne Brontë，1820—1849），代表作为《艾格尼丝·格雷》（*Agnes Grey*，1847）。

一案中表现得淋漓尽致。卡罗琳·诺顿生于1808年，是剧作家理查德·谢里丹（Richard Sheridan）的孙女，天生丽质，活泼开朗，受过良好教育。她原先肯定从未想过要成为一名女权斗士。事实上，她曾经断言自己“永远不会妄求疯狂而荒唐的平等说教”。她曾经承认，她之所以结婚，部分是因为她“特别害怕”以后会“活了一辈子到死还是个老姑娘”。但是1826年，她婚后不久便发现自己嫁给了一个根本谈不上情投意合的丈夫。夫妻关系逐渐恶化，终在大打出手中破裂。最后，诺顿不仅拒绝妻子支配她自己的财产（她继承的全部遗产以及她后来的所有收入），还禁止她和三个孩子有任何接触。他出于报复，将她推到公众苛责的风口浪尖，（很可能是莫须有地）指控她和时任首相的梅尔本勋爵（Lord Melbourne）通奸，使她成为丑闻的焦点。虽然这个案件最后法庭并未受理，但不难想象卡罗琳·诺顿感觉自己受到了侮辱和背叛，她的声誉也因此永远地蒙上了污点。

诺顿无法诉诸法律来捍卫或保护自己，或者要求探视孩子的权利，因为她发现，已婚妇女在法律上是不存在的。她抱怨道：“**事实上**我可以像一个拥有正当职业的聪明男人那样养活我自己，但在法律上我却感到如此的孤苦无助、仰人鼻息，这真让人难以接受。”1838年，她支持通过一项旨在改革《儿童监护权法》的法案。此前，该法仅允许母亲对7岁以下子女拥有有限的一点权利。1854年和1855年，她根据自己的遭遇制作了两本小册子：《对<儿童监护权法>导致母子隔离的思考》和《19世纪为女性制定的英国法律》，均赢得了广大读者。她写道：“我一点一点地了解了关于已婚妇女的法律，但是它在保护措施上的每个漏洞都让我吃尽了苦头。”1855年，在《致女王陛下的信》中，她支持一项改革婚姻和离婚的提案。她写道：“窃以为，我可以作为一个例子，说明应该改革一部相关法律。”1857年，一部《离婚改革法》获得通过，但是女性可以提出离婚的法定情形依然非常有限。

诺顿的人生凸显了已婚妇女地位上的一些残酷的畸瘤，不过她的人生决非独立的个案，甚至也谈不上非同寻常。譬如，夏洛蒂·勃朗特在去世前不久结婚，结果却发现丈夫拥有自己小说的版权，还将自己的全部收入据为己有。但是卡罗琳·诺顿在19世纪50年代中期其他女性开始集会讨论女性问题并很快继承了她的案例所宣扬的事业时，却对她们敬而远之。事实上，一个由“兰厄姆广场女士”[1]这个团体建立的“已婚妇女财产委员会”，很可能是英格兰第一个有组织的女权主义团体。但是卡罗琳·诺顿也许是觉得自己已经过度地暴露在公众的视线里，也许是急于至少挽回些许声誉，她和这个团体保持了距离。

弗洛伦丝·南丁格尔（Florence Nightingale）是另一位杰出的女性，她断然拒绝参加正在兴起的妇女运动，不过从长远来看，她的所作所为相当鼓舞人心，比她实际所说的话要有效得多。她的名言是“我对我这个性别的是非曲直毫不关心”，而且她坚持认为之所以有女性失业，“是因为她们不愿意工作”。她曾经说过，她愿意高薪聘请一位女性担任自己的秘书，结果却找不到一位有能力或者有意愿做这份工作的女性。但是，她本人强烈反对社会划分性别界限和限制女性生活的做法。南丁格尔身为大家闺秀，她抱怨说自己是矫揉造作的有闲女子气质的牺牲品。她语带讥讽地问道，为什么“男人做精纺活儿、每天坐着马车出门就比女人这么做更加荒唐可笑呢?”“为什么我们

1　兰厄姆广场女士：参见第五章。

看到一群男人早上围着桌子坐在客厅里就要发笑，而女人这么做时就觉得很正常呢?”

南丁格尔承担了一些典型的女性职责——照顾祖母和年迈的保姆——之后，似乎对护理萌生了兴趣。但是随着她对这项工作的兴趣日益浓厚，终于激起了强烈的反对，母亲和姐姐芭斯诺普（Parthenope）不断地要求她花时间陪伴她们。1844年，家人断然拒绝让她去索尔兹伯里医院做事。南丁格尔曾经愤愤不平地说：“没有什么能和一个优裕英国家庭的暴政相媲美。”她声称大部分女性“除了家庭之外，既没有上帝，也没有国家，对它们也不承担丝毫责任”。然而在1849年，她想方设法去了一次德国的凯撒斯韦特——一家由信义会[1]女执事们开办的孤儿院及医院。虽然她批评那里的护理和卫生条件差，但是她也承认“我对这里的一切都兴趣盎然，在这里我感到身心愉悦”。但是，她37岁时在一部自己称为《卡桑德拉》的小说片段中，依然愤愤不平地问道：“为什么女人拥有同情心、智

1 信义会：基督教新教重要派别，源自16世纪的宗教改革运动，信奉“唯独《圣经》”、“唯独因信称义”，认为耶稣之死已为世人赎了原罪，人因信心蒙恩才得以称义。

慧、德行——这三样东西——但在所处的社会环境中却一样也用不上?”

1853年，她的生活发生了改变。父亲不顾母亲的强烈反对，决定每年给弗洛伦丝500英镑生活费。她终于摆脱了家庭暴政。同年8月，她当上了哈利街患病妇女护理会的常驻监督。她已经下定决心，要竭尽所能学习一切和护理有关的知识。她常常黎明即起，研读政府蓝皮书[1]。不过她仍然不时感到担心，不知一个女人献身于“医院及其他地方的慈善工作”是否“合适妥当”。1854年，在一场霍乱爆发中，她在伦敦的米德尔塞克斯郡医院工作。

在克里米亚战争[2]期间，南丁格尔已经声名鹊起，她受邀率领一群护士前往斯库塔里[3]。不久，她便成了民族英雄。具有讽刺意味的是，当时她被热情地誉为一位真正具有“女子气质”的女性——一位实实在在的护理天使，一位放弃奢华的上流社会生活而给克里米亚的伤兵带来慰藉

---

1 蓝皮书：英国政府文件，又名《英国议会文书》，始于15世纪英国议会出版物，因封面为蓝色而得名。

2 克里米亚战争：1853年爆发于俄国和奥斯曼土耳其之间的一场战争，1854年英国、法国加入奥斯曼土耳其一方对俄作战，1856年俄国战败。由于指挥失当，加之瘟疫流行，双方均伤亡惨重。

3 斯库塔里：当时土耳其首都君士坦丁堡的一个区，因同名湖泊而得名。

图4　弗洛伦丝·南丁格尔是一位民族英雄——“提灯女士”——正如本图所示，她之所以广受赞誉，往往是因为她对克里米亚的伤兵所表现出的同情和女性柔情，而不是因为她异常杰出的管理和组织才能。

的女性。“提灯女士”这个形象广为流传，成为赞誉她慈悲胸怀、良好教养、温文尔雅和高雅风度的标志。南丁格尔确实对病人非常关心，对普通士兵满怀同情。但是她最大的贡献也许在于，她是一位效率卓著、头脑清晰的管理者。“我现在负责英国军队的穿衣问题，”当时她写道，“我实际上就是厨子、管家、清洁工……洗衣妇、日用杂货商、仓库管理员。”毫无疑问，克里米亚战争期间及之后的几年是她一生中最惬意、各方面都最快乐的一段时光。

这么说是因为战争结束后她不愿就此停下工作，而是雄心勃勃地开始对英国军队进行健康调查。她后来卧床休息了很长时间——一个对流行的“女性”脆弱进行戏仿的习惯——只是为了有时间更加有效地工作，不受母亲和姐姐各种要求的干扰。她始终是一个有趣的悖论：表面上，她是“女性”自我牺牲和甘于奉献精神的典范，这一名声已被广为传颂；而事实上，她是坚毅果敢、乃至英勇无畏地坚持己见的榜样，为女性打开了希望之门。她的事迹无疑促使人们接受这样一种观点，即女性接受某种专门的职业培训之后，可以走出家门或家庭作坊从事工作。

同样，哈丽雅特·马蒂诺[1]也坚持认为自己为妇女所进行的辩护是理性的，不带任何个人感情色彩。马蒂诺自视一名教育者，她不屑一顾地认为玛丽·沃斯通克拉夫特事实上危害了妇女事业。她的第一本书——《政治经济学的解说》——于1832年面世。她时年30岁，还是一个默默无闻的乡下人。这本书反响很好，她成了专门普及经济学和社会学理论的一名记者，读者甚众。马蒂诺曾在美国游历，期间和那里的废奴主义者一起工作过，她将他们关于奴隶的论辩应用在了妇女身上：

拒绝给予公平正义的最好理由莫过于强者治人、弱者治于人。在两种情况下，受压迫者中多数人的默认和少数人的强烈不满均一方面表明这个阶级遭受着压迫，一方面又证明这个阶级应该享有人权。

与此同时，她始终拒绝支持“妇女事业”，认为“女人和男人一样，必须获得适合自身的东西”，这或许暴露了

1 哈丽雅特·马蒂诺（Harriet Martineau，1802—1876）：英国散文家、小说家、经济和历史著作作家。

她缺乏远见。《美国社会》出版后，几十位妇女写信给她，诉说英格兰的“法律和习俗”是如何压制了她们，寻求帮助以改变现状。其他一些妇女则表示，只要她愿意出谋划策，自己愿意拿出“资金、精力和忍受指责谩骂的勇气”。

但是自始至终，马蒂诺显得惴惴不安，避免公开表露自己的情感。她对卡罗琳·诺顿这样的女性没有丝毫同情之心。马蒂诺觉得，卡罗琳为改变婚姻法而将个人问题抖搂出来的做法简直是“颜面扫地”。然而，出人意料的是，她存世的写给母亲的一些书信里却流露出她对自己选择独立生活的真切焦虑，读来相当感人。

我完全可以想象您和我有时都会觉得我好像没有尽到一个女儿的义务，不过我们都应该提醒自己，我现在和您任何一个有职业的**儿子**一样，也是一位世界公民。我独自工作和外出访问的时候，就很难照顾您了。

她从未完全处理好个人抱负和当时女性行为规范之间的矛盾，这或许是可以理解的。35岁那年，马蒂诺得到一个工作机会，出任一份新创刊的经济学期刊的主编，这原本意味着名利双收，意味着个人抱负得以实现，也意味着她对妇女的期望如愿以偿。她犹豫不决。后来，弟弟詹姆斯来信表示反对，于是——显然有些如释重负——她婉拒了这个工作机会。不久，她写了一部引人入胜的小说——《迪尔布鲁克》。这部小说以间接的方式，不仅探讨了她自己的恐惧、希望和犹疑，还探讨了当时依然困扰着同时代女性的那些疑惑和问题。马蒂诺于1876年辞世。

到了19世纪中叶，已经有一大批妇女在为实现具体的变革、为其他妇女开辟新天地而默默奋斗着，令人刮目相看。例如，弗朗西丝·鲍尔·科布[1]回忆起自己在布赖顿上过的那所昂贵的寄宿学校时满腹怨言。她说，那里简直糟糕透顶：学生们挤在一间屋子里，围坐在桌边，“咣咣当当叫人烦得要命”；楼上丁零咚隆地敲着钢琴，楼下一屋子女孩对着女老师朗读背诵课文。她逐渐意识到，自己的经历非常普遍。女孩教育亟待改进。她猜想，祖母时代的学校很可能比自己这个时代的学校还要好一些。尽管科布的早期教育不如人意，但是她坚持写作，文笔生动，思

---

1 弗朗西丝·鲍尔·科布（Frances Power Cobbe，1822—1904）：爱尔兰作家、社会活动家和女权主义理论家。

想深邃，所谈问题不仅局限于教育，还包括单身及已婚妇女所面临的其他困难。

例如，她曾头头是道地谈论过陷于不幸婚姻的妇女的遭遇。她写道，“我们习惯于听人们讲醉醺醺的恶棍跌跌撞撞地走出酒馆摸回家”，殴打可怜的妻子。但是“谁能想到出身高贵、受过良好教育且拥有体面职业的男人竟也会犯下同样的暴行?”她有时会陷入多愁善感的俗套：

我们想要（女人的）爱律意识来完善男人的公义律意识；我们想要她的影响力通过内心温柔的劝慰激发德行，以此来完善男人的外在道德立法……我们想要她细心的天赋、她对长者和受苦受难者的温情、她对孩子需求的理解……

但是作为一名享有盛誉的记者，她支持女性接受大学教育，并且默默地推动《已婚妇女财产法》的出台。然而，她始终坚称自己的女权主义不带任何个人感情色彩，不过她对此的过分强调倒显得有些此地无银三百两：“如果我在成熟之年成了一名‘女权妇女’，这并不是因为在我个人身上有人让我感受到了女人的冤屈。”

小说中的婚姻

婚姻一直是19世纪小说家笔下十分重要、同时也十分令人着迷的主题，但是夫妻关系却鲜有令人特别满意的表现。在夏洛蒂·勃朗特的《简·爱》（1847）中，女主人公和罗切斯特先生的爱情是一场更为精妙、更加令人难忘的哥特式传奇剧，不过她获得了一个相对幸福的结局——发生在罗切斯特落得身体残疾、无依无靠之后。盖斯凯尔夫人（Mrs Gaskell）笔下的女主人公都想要获得一些传统习俗所未能赋予她们的东西，无论这种想法表现得有多么隐晦。玛丽·安·埃文斯（Mary Ann Evans）——有趣的是，她的笔名叫乔治·艾略特（George Eliot）——在《弗洛斯河上的磨坊》（1860）中探讨了往往难处的兄妹关系。在《米德尔马奇》（1871—1872）中，聪明但有些理想主义的多罗西娅，渴望将自己的生命奉献给某件值得去做的事——或者某个值得去爱的人——却很快陷入了不幸的婚姻。虽然她最终与另外一个男人获得了某种意义上的幸福，但是她还是觉得自己本来可以做得更好。乔治·梅瑞狄斯（George Meredith）的《利己主义者》（1879）令人心寒地审视了一桩婚姻，其中女人只是地位的象征。他的《克劳斯威的黛安娜》（1885）用令人不安的小说形式表现了卡罗琳·诺顿的灾难性婚姻。乔治·吉辛（George Gissing）的《落单女人》（1893）则饱含同情地叙述了一群未婚女人抚养一个孤儿的故事，她们希望这个孤儿长大之后能够成为“一个勇敢的女人”。

第五章

19世纪后期：运动中的女性

直到19世纪后半叶，英格兰才开始出现真正意义的妇女“运动”。这场运动主要由芭芭拉·莉·史密斯[1]和一群人称“兰厄姆广场女士”——因她们早期的一个集会地点而得名——的志同道合者共同发起。该团体围绕业已明确的问题——妇女迫切需要更好的教育、更多的工作机会以及提高已婚妇女的法律地位——发起了更多有组织的活动。

这些妇女之所以走到一起，部分是为了应对“女子气质”日益狭隘的定义和对适宜“妇女领域”日趋传统、越来越富于局限性的界定。在维多利亚时代，妇女的头等美德似乎经常被神经兮兮地等同于温婉顺从。一个不得不自

1 芭芭拉·莉·史密斯（Barbara Leigh Smith，1827—1891）：英国教育家、艺术家和妇女运动领袖。

谋生计的中产阶级妇女可能会十分幸运地获得一个当家庭教师的低薪职位，虽然很可能她本身所受的教育就很有限。她没有多少别的职业可以选择。而且，如果一个女人发现自己身陷不幸婚姻，她仍然无路可逃。

可悲的是，就连那些本身取得了可观成就的女性、那些怀着深切同情极有见地地描写妇女生活及抗争的女性，有时似乎也对正在兴起的女权主义躲躲闪闪。玛丽·安·埃文斯——乔治·艾略特——尽管在《米德尔马奇》（1871—1872）中显示出对妇女的聪明才智找不到足够的施展空间有着深刻体会，尽管自己已经成为芭芭拉·莉·史密斯的密友和支持者，但她仍然在1853年宣称："男人所给予女人的际遇，已经是女人的莫大福气了。"而且她赞美这样一种方式：一种"十足的温柔、慈爱、潜在母性"使"女人的生命"充盈着"绵绵爱意"。1856年，著有《露丝》（1853）和《北与南》（1855）的小说家盖斯凯尔夫人对妇女接受培训成为医生这种想法本身就嗤之以鼻：

如果能求得男人的判断，我连一只老鼠都不会交给女人去医治。女人没有判断力。她们乖巧、敏感、天资聪颖，有着无数美好可爱的特质，但是在需要受过认真的长期医学教育才能从事的事情上，她们顶多也不过是长着天使面孔的呆鹅。

1857年，伊丽莎白·巴雷特·布朗宁[1]在《奥罗拉·利》中认为：

女人……必须证明自己能做什么
然后再去做，反复念叨妇女的权利、
妇女的使命、妇女的作用，直到
（也在自己一边念叨的）男人们高喊
女人的作用就是……空谈。

芭芭拉·莉·史密斯（她婚后冲破传统的藩篱，只把夫姓“博迪雄”加在自己姓氏之后）出生于一个富有却不同寻常的家庭：她的父母并未结婚。父亲一直鼓励她读

1　伊丽莎白·巴雷特·布朗宁（Elizabeth Barrett Browning，1806—1861）：英国女诗人，《奥罗拉·利》（*Aurora Leigh*，1857）为其无韵长诗。

书，并且给了她一笔相当可观的零用钱，使她能够四处游历。她曾在欧洲大陆和贝茜·雷纳·帕克斯[1]一起度过了一段时间。帕克斯后来写了《论女孩教育》，她还坚持认为单身女性对所有女性命运的改善都将起到至关重要的作用。（帕克斯和莉·史密斯刚刚出版小册子《妇女和工作》不久，当时一篇评论便嘲讽道："要命的是，女人缺乏进行严密的连续思维的能力。"）

1857年，莉·史密斯病后在阿尔及利亚疗养期间，认识了后来成为自己丈夫的欧仁·博迪雄（Eugene Bodichon）医生。他们婚后在美国住了一年。期间，她在波士顿、纽约和新奥尔良结识了一些热衷教育的女性以及其他一些受过从医培训的女性。在塞尼卡福尔斯，她和柳克丽霞·莫特多次促膝长谈。柳克丽霞·莫特在废奴运动和正在兴起的女权运动中都是活跃分子。莉·史密斯打算继续致力于当时显得最为紧迫的领域：已婚妇女的法律问题、妇女对提高教育和培训水平的迫切需要以及拓展妇女

1　贝茜·雷纳·帕克斯（Bessie Rayner Parkes，1829—1925）：英国诗人、散文家和女权主义活动家，与莉·史密斯共同创办了《英国妇女杂志》（1858），致力于为女性争取教育改革和合法权利。

有限的工作机会的需要。

1854年，芭芭拉·莉·史密斯制作了一本小册子，取名为《英格兰最重要的妇女相关法律简编》。她开门见山地审视了限制单身女性的矛盾规定：她们可以在行政堂区投票，但即便她们是纳税的财产所有人也不能在议会选举中投票。她接着探讨了已婚妇女更加不利的境遇："在法律上，一个男人和他的妻子是一个人。妻子丧失了她单身时所拥有的一切权利，她的存在完全被她丈夫的存在吞噬了。"她讨论了婚姻财产协议以及父母离异后孩子的监护权问题。她甚至还揭示了一个奇特而麻烦的法律规定：一对男女一旦正式订婚，女方在未告知未婚夫并征得其同意的情况下不得处置自己的财产。她的宣言售价几个便士，读者甚众，前后有3个印次。次年12月，她和一群志趣相投的妇女——包括贝茜·帕克斯和安娜·詹姆森[1]——成立了已婚妇女财产委员会（英格兰第一个有组织的女权主义团体），在全国范围内散发呼吁进行法律改革的请愿书，并很快征集到了大约2,400个签名。委员会的干预使

1 安娜·詹姆森（Anna Jameson，1794—1860）：英国作家和女权主义者。

一系列修正案得以通过，缓解了已婚妇女的经济困境，但是这些变化仍旧没有从根本上重新明确她们的权利。

莉·史密斯还写了一篇文章，最初于1858年发表在新创刊的《英国妇女杂志》上。当时有种观点认为，由于中产阶级妇女理所应当要结婚，所以她们不必再考虑别的事情了。莉·史密斯在文中有力地驳斥了这种观点。很多女性很可能终身不嫁，那就得自己养活自己。但是她认为，即便是那些结了婚的女性，也应该做好准备来教育自己的子女，而且必要的话，还要外出工作。此外，她还强调了工作本身的价值。

> 生养12个子女本身并不是什么高贵的职业……做一个高贵的女人要胜过做一个高贵的男人的母亲。

她甚至还搬出维多利亚女王来支持自己的论点。毕竟，女王既是一位母亲**也是**一位有工作的君主。同时，莉·史密斯要求对女性业已从事的实际工作——操持家务，养育子女——的价值给予更大的认可。在行动上，莉·史密斯在伦敦开办了一所私立学校，一直办了近10年时间。在学校，男孩和女孩同班上课；她自己的侄女、朋友们的孩子与附近工人的孩子一起学习。

《英国妇女杂志》起初主要由莉·史密斯提供赞助，它似乎赢得了相当广泛的读者，而且常常激发读者采取行动。就连最初疑心重重的乔治·艾略特也在1859年末写信给自己的朋友，一再表示这份杂志“**肯定**做得相当好……它激发妇女去从事有用的工作，唤起普通民众给予女性需求一定的考虑”。但是莉·史密斯和贝茜·帕克斯很快就直接遭遇了女性就业问题。她们杂志的读者热切渴望得到工作，于是便开始到她们的杂志社登门拜访。此时，她们的杂志社已经从兰厄姆广场迁到了卡文迪什广场。她们决定作一个就业登记——结果却发现实际上妇女的就业机会寥寥无几。许多男性对女性有可能进入他们的行业极其反感。他们说，女人会拉低所有人的工资，而且她们的出现很可能会迫使男人丢掉饭碗。

就业机会也引起了其他女性的关注。当年早些时候，哈丽雅特·马蒂诺——她熟知兰厄姆广场小组的工作，很可能还受到了它的影响，不过她始终都没有加入其中——在《爱丁堡评论》上发表了一篇名为《女性行业》的文章，对女性实际能够获得的为数不多的就业机会作了冷静而实际的分析。她清楚地看到，女性的处境正在发生改变，越来越多的女性除了外出工作之外别无选择。她认为，“自食其力”对男性和女性来说都是相当新的一种观念。

我们生活在一个新的工商业经济体中，但是我们的思想、我们的语言和我们的规划并没有任何相应的改变。我们谈起话来仿佛还停留在过去：每个女人都是，抑或应该是，由父亲、兄弟或者丈夫养着。

贫苦妇女可能在田里或工厂里劳作。除此之外，马蒂诺能看到的只有两种就业机会——针线活儿和教书，其报酬都很低。和芭芭拉·莉·史密斯一样，她也强调必须拓展并改进女性教育，应该为她们施展自己的“能力和精力”辟出一片“公平的天地”。

她很赞赏伊丽莎白·布莱克韦尔[1]。布莱克韦尔在美国接受教育成为医生，当时她正身在英格兰。（芭芭

1　伊丽莎白·布莱克韦尔（Elizabeth Blackwell，1821—1910）：美国第一位女医生和第一位女医学博士。

拉·莉·史密斯和贝茜·帕克斯协助整理了布莱克韦尔在伦敦及其他郡首府所作的讲话。）但是，布莱克韦尔和这些早期女权主义者中的许多人都不一样，她坚信女性只应提出适度而理性的要求，故而对日渐高涨的选举权呼声没有什么热情。

如上章所述，弗朗西丝·鲍尔·科布是《已婚妇女财产法》及女性教育运动的倡导者。她后来的确还为了妇女选举权而奔走呐喊，认为女人不必依赖男人来保护自己及自己的权益。她在这方面的言论有时暴露出一丝阶级傲慢：她愤怒地指出，“我们这些上层妇女——从宪法上讲，我们拥有财产，所以有资格参加选举（而且，请允许我再补充一句，从人之常情上讲，我们在教育和智慧上至少都不低于‘文盲’选民，因而也有资格参加选举），却依然没有选举权。”她始终极端保守，不过她并不赞同保守党中的激进派，并因此于1867年退出了正在兴起的选举权运动。

同样，埃米莉·戴维斯[1]几乎无论从哪个方面来看都

1 埃米莉·戴维斯（Emily Davies，1830—1921）：英国女权主义者，为争取妇女高等教育权的先驱。

是一名坚定的保守分子，只是有一点例外：她认识到女性命运要得到改善，教育始终都是关键。年轻的戴维斯写道："什么也没学过的人找不到事情做并不奇怪。"她不得不去阿尔及尔照顾生病的弟弟时，非常幸运地遇到了芭芭拉·莉·史密斯。芭芭拉·莉·史密斯鼓励她，宽慰她说许多其他妇女有着和她一样的渴望和不满。回到英格兰后，戴维斯（和她的朋友伊丽莎白·加勒特[1]一起）造访了兰厄姆广场。此时，兰厄姆广场已经成为《英国妇女杂志》和妇女就业促进协会的总部。她深受鼓舞。回到北部的家乡后，她组建了妇女就业促进协会诺森伯兰和达勒姆分会，还写了一系列信件给当地报纸，论述增加妇女就业机会的重要性。她为自己这样的女孩所享有的智力培养之匮乏感到愤愤不平："她们上学吗？不上。她们有家庭女教师吗？没有。她们上一些课，能学多少学多少。"她带着强烈的个人感情描述了

深深的灰心失望之情，这种灰心失望源于自己所受的告

1　伊丽莎白·加勒特（Elizabeth Garrett，1836—1917）：英国医生和女权主义运动先驱，为英国第一位获得医师资格的女性。

诫：作为女人，没人对她们有多少期望……无论她们做什么都千万不要介入男人的职业，顶多是肤浅地间接介入，因为在这些职业中她们所能期望的永远只能是失败。

女人知道这种态度是多么地“令人窒息和寒心；要勇敢地挺过去又有多么地不易”。

然而，在兰厄姆广场小组中越来越多的人认识到“教育为第一要务”，这也鼓舞了戴维斯。在伦敦，当时新成立不久的女王学院和贝德福德学院给（一些）中产阶级女孩开设了差强人意的课程。1862年，戴维斯筹备成立了一个委员会，推动女生参加创立于1858年的大学地区考试。经过大量缓慢而精心的组织工作和谈判努力，剑桥终于在1865年同意，作为实验，女生可以尝试和男生参加同样的考试。虽然戴维斯一直是个现实主义者，但她从未动摇过自己的信念：女孩必须获得和男孩一模一样的教育，在中小学校如此，在大学亦是如此。1866年，她的《女性高等教育》一书面世。她在书中谨小慎微，避免过于强烈地表达自己的主张。戴维斯承认，女人很可能“永远也无法做到和男人一样好……但是在我看来，她们并不能因此而不竭尽全力，不自主选择自己想要尝试的事情”。她想方设法筹措资金（芭芭拉·莉·史密斯慷慨解囊）创建了一所女子高等教育学院，校址选在赫特福德郡的希钦市，最初只有5名学生。1873年，学院迁至剑桥，改名为格顿学院。1879年，牛津如法炮制，成立了玛格丽特夫人学院[1]。但是，尽管埃米莉·戴维斯的观点如此激进——她从一开始就坚持认为女生应该和男生参加同样的考试，但她绝对不希望女生享有和男生同样的自由。她期望自己的学生始终表现得娴静端庄，循规蹈矩。她认为，有背传统和“非女性化”的行为可能会危及整个项目。

埃米莉·戴维斯所作的开创性工作至关重要。不过，也许是在所难免，很长一段时间之后女性才在高等教育领域朝着真正意义的平等迈进。在伦敦，女王学院和贝德福德学院于1878年开始向女性颁发学位。但是牛津女生直到1919年才成为大学的正式学生。令人费解的是，虽然剑桥于1921年开始给女生颁发“名义”学位，但直到1948年才

1　玛格丽特夫人学院：牛津大学学院之一，1878年由伊丽莎白·华兹华斯（Elizabeth Wordsworth，1840—1932，著名浪漫派诗人华兹华斯的曾侄女）建立，校名取自英格兰国王亨利七世之母玛格丽特·博福特夫人（Lady Margaret Beaufort，1443—1509），后者以学识渊博著称。

承认她们是学校的正式学生。

伊丽莎白·加勒特（婚后改称加勒特·安德森）也得到了兰厄姆广场小组的支持。她冲破在今天看来极为强大的阻力，长期坚持不懈地想通过学习成为一名医生。她常常成为粗鄙笑话捉弄的对象。一些男生声明反对“在学习那些迄今仍被视为敏感科目时……男女有失体统地混在一起”。《柳叶刀》杂志则索性把她一心学医斥为“病态”。然而，什么也无法动摇加勒特的决心。一则她相信女医生“对许多患病妇女”来说会是一个福音；二则她对这项工作怀有浓厚兴趣，她知道自己会成为一名好医生。

伊丽莎白·布莱克韦尔的经历鼓舞了加勒特。1849年，布莱克韦尔顺利毕业于纽约州一所小学院的医科专业，她在纽约为贫民窟中的妇女和儿童开了一家诊所。但是在造访伦敦期间，布莱克韦尔有时也遭到了激烈的批评。一位专栏作家评论道：“双手沾满血污的女人不可能拥有普通女人那样的天性和感情。”伊丽莎白·加勒特不得不竭力说服自己的母亲，让她相信自己从医的坚定决心既没有错，也非病态，而是“健康而活跃的精力使然”。幸运的是，她的父亲比较支持她，而且加勒特本人也默默地执著追求。她在苏格兰学习了助产术，然后在巴黎获得了医学博士学位。就连向来反对女性从医的《英国医学杂志》也承认，“每个人都必须钦佩加勒特小姐所表现出来的那种不屈不挠的毅力和勇气”。1870年，她被说服参选伦敦校务委员会[1]。此时，她显然已经成为一位德高望重、广受欢迎的公众人物了，结果她所获得的选票比其他任何候选人都多。

19世纪下半叶最重要、意义最为深远的一场运动也最为出人意料：反对《传染病法》的运动，该法极大地暴露出双重性别标准的残酷和虚伪。首部《传染病法》于1864年获得通过，规定在特定港口和设防城镇，警察有权逮捕任何仅仅被**怀疑**是妓女的女性，强制——有时以野蛮手段——其接受内检，一经发现有性病的任何迹象，可以强行把她关进医院。《传染病法》分别于1866年和1869年作了两次增修。妇女们不久便开始了抗议。伊丽莎白·加勒特、弗洛伦丝·南丁格尔和哈丽雅特·马蒂诺亦置身其中，她们认为“这套监管体制所制造的恐怖要大于它所旨

1　伦敦校务委员会：依据1870年通过的《初级教育法案》设立的政府机构，主管整个伦敦地区基础教育的建设和管理，其成员由普选产生。

在消除的恐怖”。

1869年，废除《传染病法》全国女士协会成立，这是由一些德高望重的女性组成的第一个真正且有力的压力集团。起初，她们将矛头指向粗暴对待妓女或疑似妓女的具体法律。但是她们很快超越这些细枝末节，开始大张旗鼓地渲染起双重性别标准的种种劣行及其对整个社会男女两性所产生的灾难性影响。不久，约瑟芬·巴特勒[1]成为该协会的领袖。她出身于自由党家庭，受过良好教育，美丽、热诚而德高望显——这使她成为一位极为杰出的宣传家，虽然她所宣传支持的是为许多人所不齿的行当。痛失独生女后，她和丈夫搬到了利物浦，此时她已经开始关注起妓女的命运。她说：“我为一种无法抑制的欲望所缠绕，想要找到某种比我自身所经受的更为深重的痛苦。”她把一些不幸的“堕落”女孩带到自己家里，筹钱建立了一个很小的“休憩之家”，照顾那些“濒死的抹大拉[2]”。

巴特勒已经对妇女所面临的问题表现出了强烈的兴

1 约瑟芬·巴特勒（Josephine Butler，1828—1906）：英国社会改革家，为改善妇女教育和医疗条件作出过重要贡献。

2 抹大拉：《圣经·新约》中一位被称为“抹大拉的马利亚”的妓女。这里用来代指从良的妓女。

趣。1868年，她出版了一本名为《女性教育与就业》的小册子。她在小册子中除了重申当时已广为人知的改善妇女教育这个主张之外，还认为——鉴于英格兰未婚女性为数众多——应该为她们提供适当的培训，以使其能够自食其力。1869年，巴特勒和一些志同道合的妇女组建了全国女士协会。她成为该协会极为杰出的标志性人物和领袖。她的讲话和文章有效地融合了冷静清晰的论证和炽热如火的情感。在1871年写的一本小册子中，巴特勒基于自己和妓女交往的经历，认为《传染病法》等同于中止《人身保护法》[1]。《传染病法》"简直无异于引入某种隶农制或奴隶制。我这么说并不是感情用事，而是依据其最严格的法律意义"。这个问题和她的抗议燃起了举国上下妇女的想象力和情感。全国女士协会的一位成员在1870年致首相的一封信中强调道：

1 《人身保护法》：拉丁语 habeas corpus 意为 [We command] that you have the body，即他人不得无端羁押自己的身体。自13世纪起，英国法院即发布各种关于刑事诉讼的令状，包括审查逮捕理由的令状。17世纪中叶斯图亚特王朝复辟后，曾迫害新教徒和反王权派。代表工商业资产阶级和新贵族的辉格党援引旧例，通过议会制定了本法，于1679年颁布，迫使英王查理二世签署。

你们所骄傲地珍爱着的母亲、妻子、姐妹或女儿，没有一个敢保证，倘使她出生在同样没有庇护、没有安全的境地，处于同样贫穷和邪恶的魔爪之下……她，同样在她那青涩而天真无邪的少女时代，能够避免像那些人一样滑入那个长久以来全社会一直竭力确保无人能够逃脱的可怕深渊。

约瑟芬·巴特勒及其迅速壮大的声名显赫的追随者队伍，很快便成为一个极为有效的压力集团。她们的活动让长期以来因受习俗束缚而几乎不为人知的无情的双重性别标准触目惊心地暴露在世人面前。而至关重要的是，她们认为这种双重标准不仅压迫妓女，也压迫大多数女性，这种压迫以形形色色难以察觉的方式贯穿于她们日常家庭及工作生活的方方面面。后来，巴特勒在议会特别委员会作证时指出，《传染病法》不仅对女性而且对男性也有着灾难性的间接后果。她从查塔姆[1]归来时称，“我在那里看到了刚入伍的年轻士兵堕落的证据……有些男孩看上去还不到13岁……那里和地狱一样阴森。”在她看来，真正的混

1 查塔姆：英格兰肯特郡港口，曾拥有作为皇家海军根据地的船坞。

蛋，真正的剥削者，是那些皮条客，是那些通过“建起一所房子把女人卖给男人”来牟利的人。

19世纪80年代，安妮·贝赞特[1]勇敢地揭露了另一种或许更加迫切需要关注的剥削方式。她发现伦敦东区布赖恩特-梅火柴厂女工的工作环境极其恶劣，就给该厂众多恰好也是神职人员的股东们写了一封饱含深情、真挚有力的信：

> 请想象一下别人家女儿那苍白憔悴的面孔……当她摘下破旧的帽子，露出因长年搬运箱子而磨光了头发的头颅，头发磨光了，你们的分红增加了，牧师大人……我要让你们得到报应，声名扫地……

她的控诉流传甚广，引起了公众极大的关注。火柴厂的女工们在伦敦举行了声势浩大的抗议游行，最终获准成立她们自己的工会。

至此，女性所面临的所有这些问题都在不断取得进

1　安妮·贝赞特（Annie Besant，1847—1933）：英国社会改革家和妇女运动活动家。

展。但是女性——以及一些像汤普森和穆勒这样的男性斗士——整个世纪都在为争取妇女选举权而奔走呼号。在19世纪最后几十年里，这个要求会变得更为迫切，妇女选举权运动者——以及后来的激进派妇女选举权女斗士——将登上历史舞台，成为主角。

第六章

为投票权而战：妇女选举权运动者

19世纪，选举权逐渐成为女权主义者诉求的中心内容。无论从象征意义上（作为对妇女完整公民权的认可）还是从实践意义上（作为深化改革和实实在在改变妇女生活的必要方式）来说，它都意义重大。但事实证明，获得选举权是一场错综复杂的斗争，历时数十年。女性在为选举权呐喊时所展现的决心和执著，越来越多地表现出来，令人振奋。在她们的诉求遭到同样坚决的拒绝，有时还含有相当的恶意时，尤为如此。而且，拒绝她们的除了男性之外，往往还有女性。

早期有过一些争取妇女选举权的诉求：威廉·汤普森受安娜·惠勒的影响，早在1825年就为妇女代表权问题发出过雄辩的呐喊。1843年，玛丽恩·里德撰文驳斥了当时有关女性适宜“领域”的陈词滥调以及女人对男人所谓的影响使自身有求必应这种论调。她接着强调，不仅选举权很重要，而且在议会哪怕仅仅拥有象征性存在也同样意义重大。或许“议员的选民构成中有几个妇女”能促使议会“给予妇女权益一点点关注”。1847年，年迈的贵格会教徒安妮·奈特[1]发表了一本小册子，为妇女代表权发出呐喊。1851年，已经成为约翰·斯图尔特·穆勒妻子的哈丽雅特·泰勒在《威斯敏斯特评论》上发文呼吁“给予妇女选举权”。1869年，穆勒本人在《论女性的从属地位》一书中雄辩而比较详细地作出了同样的申辩。他承认，妇女不太可能和同一阶级的男人有什么意见分歧，但是“如果问题以某种方式牵涉到了妇女权益”，那么她们就“需要选举权，以确保自己的权益得到公正平等的考虑”。

当然，这一时期男人还没有全部获得选举权。即便是到了19世纪70年代，也只有三分之一左右的成年男子有权参加投票。虽然《1884年改革法》提高了这一比例，但依然只有大约63%至68%的男人获得了投票权。然而，具有讽刺意味的是，《1832年改革法》出台后，妇女的法律地

1 安妮·奈特（Anne Knight，1786—1862）：英国社会改革家和女权主义运动先驱。

位反而下降了。该法用 male person（男人）来取代含义更广的泛指词 man（人；男人；人类），明确将女性排除在外，因为有人可能会认为 man 这个词可以理解为“人”。同年，一名人称“雄辩家”亨特[1]的激进分子受人之托向议会递交了一份请愿书（起草人为约克郡一位富有的老姑娘，名叫玛丽·史密斯［Mary Smith］），认为“每个拥有必要经济能力的未婚女性”均应获准参加投票。亨特指出，该请愿者像所有男人一样照章纳税；而且，既然女性在法律上可以**受到制裁**，那么她们也应该有权对**制定**法律发表意见，也应有权参加陪审团。

但是，争取投票权的斗争才刚刚开始，而且始终都不是一帆风顺的。有些人主张所有成年人都应拥有选举权，有些人则只为妇女奔走呐喊，于是分歧出现了。在后者中间，对**哪些**妇女应该拥有选举权也存在不同意见。许多早期对妇女选举权的要求都集中在老姑娘身上，例如弗朗西丝·鲍尔·科布就曾替女性财产拥有人和纳税人呼吁过此

1 “雄辩家”亨特（“Orator” Hunt，1773—1835）：本名亨利·亨特（Henry Hunt），英国政治家，宣传激进思想，主张议会改革，因好在集会上发表演讲而被政敌戏称为“雄辩家”。

事。这些要求之所以比较有限，部分是出于策略考虑（如果一些妇女获得选举权，便至少是创下了先例，以后就比较容易扩大范围了），但往往也是基于这样一种轻蔑的看法：妻子的权益和她丈夫的完全一致，给她选举权就等于给作为一家之主的男人第二张选票。一些妇女认为，已婚妇女财产法的通过会比选举权更能立竿见影地带给她们好处。另一方面，汉弗莱·沃德夫人（Mrs Humphrey Ward）表达了她的忧虑：如果允许老姑娘投票，也就意味着“大量过着不道德生活的女人将获得选举权，而通常要比未婚妇女有着更为丰富的实际生活经验的已婚妇女却被排除在外”。一位议员讽刺道，给予老姑娘选举权，无异于褒奖“异性中一部分由于某种原因而未尽妇道的人”。其他反对女性拥有选举权的人认为，只有男人才会被征召去保家卫国，这赋予了“他在处理国家事务中发表意见的权利”。

从这场辩论中，我们可以瞥见某些人对女性奇怪而发人深省的态度。譬如，1871年政治哲学家托马斯·卡莱尔（Thomas Carlyle）说道：

一个女人的真正宿命……就是嫁给一个她能够爱并尊重的男人，然后在他的保护下以自己所有的智慧、优雅和英雄品质平静地过此后的生活。

同样，许多女性也接受了女人和男人生而不同的观点，认为这是神的旨意。神要她们为人妻、为人母。如果她们离开自己的适宜领域，就会导致种族“羸弱、衰落、呈现病态”。

斗争进展非常缓慢，这或许无法避免。事实上，非常多的知名女性都不屑地认为选举权相对来说并不重要，有时候还有些人虚伪地坚称，从个人来说，她们从未因为没有选举权而遭遇过什么不便。1867年，弗洛伦丝·南丁格尔宣称：“我在政府机构里工作的这些年里，从来没有觉得需要投票权。”虽然后来她承认选举权的确重要，但她始终觉得还有其他更加紧迫的问题困扰着女性。身为一名成功的作家和记者，哈丽雅特·马蒂诺坚持认为“这项事业最好的朋友是幸福的主妇和忙碌快活的单身妇女……无论一个女人自己实际上能做什么，看到她这么去做了，社会都会很欣慰”。

比阿特丽克斯·波特[1]将她本人的“反女权主义”态度归结于“这样一个事实，即我从来没有遇到过可能因为我这个性别而导致的不便”。自由党人维奥莉特·马卡姆[2]提出一个悖论作为托词：许多女人显然“比男人高贵，所以我不愿看到她们要与男人平起平坐”。1889年，畅销小说家兼记者汉弗莱·沃德夫人宣称“妇女解放进程现在已经达到女性生理构造所决定的极限了”。有时妇女选举权运动者会抬出维多利亚女王，以证明女性能够达到什么样的高度。例如，芭芭拉·莉·史密斯指出：“我们仁慈的女王既能履行神授的艰巨职责，也能成功地抚育众多的子女。”但是这位维多利亚女王却出于恐惧，极不光彩地高声声讨“疯狂而邪恶的女权蠢行”。

以芭芭拉·莉·史密斯为核心的兰厄姆广场小组在争取选举权的长期斗争中发挥了重要作用，在其他许多运动中亦是如此。1866年初，她们组织了一场妇女选举权请愿活动，共有1,499人在请愿书上签字，主张应该用 person

1 比阿特丽克斯·波特（Beatrix Potter，1866—1943）：英国作家、插图画家和植物学家。

2 维奥莉特·马卡姆（Violet Markham，1872—1959）：英国作家和社会改革家。

来替代 man，而且所有房主，不论性别，均应享有选举权。在推动妇女教育方面卓有成效的埃米莉·戴维斯，正式将这份请愿书递交给了约翰·斯图尔特·穆勒，适逢穆勒的《论女性的从属地位》一书刚刚出版。1866年6月，穆勒将这份请愿书呈递给了议会。不出他们所料，这份请愿书以194票对73票遭到否决。但即便如此，这也被欣喜地视为一个鼓舞人心的开端。此事招致大量批评，或许反而证明了其成效。例如，《旁观者》杂志揶揄称，全国具备政治能力的妇女不超过20人，一般妇女只会使政治讨论变得“离题万里、华而不实”。

1866年10月，莉·史密斯和一群朋友在伦敦伊丽莎白·加勒特的家中成立了一个妇女选举权运动委员会。次年，该委员会发展成为伦敦妇女选举权协会。她们组织了多场请愿活动，获得的签名总数超过了3,000个。莉·史密斯还制作了一本小册子，列数“赋予妇女选举权的理由”。数家知名报纸，包括《康希尔》和《双周评论》，都拒绝刊载支持给予妇女选举权的文章。几乎与此同时，一位名叫莉迪娅·贝克尔（Lydia Becker）的妇女在曼彻斯特成立了一个类似的协会。她在听了莉·史密斯的一篇演讲之后，便被吸引到这项事业中来。她成立了一个地方性的妇女选举权委员会，并于1870年创办了《妇女选举权报》。不久，爱丁堡、布里斯托尔和伯明翰也相继成立了支持妇女选举权运动的团体。在此后的几十年间，这些团体保持这项事业生机勃勃，持续不断地向议会施加压力，发挥了重要作用。它们组织了公开集会，尤其是在伦敦和曼彻斯特。参与曼彻斯特协会工作的理查德·潘克赫斯特[1]，于1866年创办了《英国妇女评论》，这对宣传妇女选举权事业颇有裨益。

妇女选举权运动者有时候也会深受意见分歧之害，尤其是在采取何种策略方面，不过这也许在所难免。芭芭拉·莉·史密斯不久便退出了伦敦委员会的一切正式活动——她与约翰·斯图尔特·穆勒和哈丽雅特·泰勒意见不和，后二者坚持认为男性加入委员会有好处——虽然她后来担任了该委员会的名誉书记。穆勒虽然在早期给予了大力支持，但面对后来的发展和更加激进的策略，他感到惴惴不安，便退缩了。他尤其不赞成曼彻斯特一些女性的

1 理查德·潘克赫斯特（Richard Pankhurst，1834—1898）：英国律师和社会活动家。

“共同的粗俗动机和策略”。而这场争取选举权的运动比早期支持者们所预计的要更加艰难，耗费的时日也要久得多。整个19世纪70年代，议会年复一年地辩论（并否决）这个议题。1871年，一位托利党人[1]说女人天性敏感，容易情绪化，所以应该受到保护，以免“被迫卷入政党政治的漩涡”。女人适宜的天地是家庭，其职责——及内心最大的愉悦——是做一个贤妻、好姐姐或好妹妹、乖女儿。再者，一旦女人在议会成了气候，将会导致“与居心叵测的邻邦草率结盟，阶级鼓噪越发高涨，肆意立法，内部混乱，动辄鸣冤叫屈”。妇女选举权支持率最高的一次投票是在1873年，当时有157位男性议员投了赞成票。

海外妇女选举权运动

与此同时，英国妇女选举权运动者（及其反对者）密切关注着海外的新情况。一位妇女曾说：“对于英国妇女选举权运动来说，没有什么比看到那些现身说法的妇女更有好处的了。”事实上，南半球的例子似乎尤其鼓舞人心。在新西兰，妇女于1893年获得选举权。在澳大利亚，19世纪90年代一个

1 托利党：英国政党，产生于17世纪，后于19世纪中叶演变为英国保守党。

接一个的州赋予妇女选举权，至1902年妇女终于获得了参加联邦选举投票的权利。一位保守的（男性）教授于1904年阴郁地声称："我认为澳大利亚完蛋了。"（另一方面，澳大利亚土著，无论男女，直到20世纪60年代后期才获得选举权。）在美国，各州先后赋予白人妇女选举权。至1914年，有11个州的妇女可以投票，不过她们不得不等到1919年才能参加全国选举。丹麦于1915年赋予妇女选举权，而荷兰则是1919年。

数十年间，妇女选举权运动者仅仅取得了一些微小而平凡的胜利，但是考虑到当时社会对女性角色的看法，这也就不足为奇了。不过，从长远来看，这些成果为后来赢得民意支持发挥了非常重要的作用。然而，面对排斥和嘲笑，她们坚定执著。与此同时，很多女性开始在地方政府及其他公共机构中扮演起越来越积极的角色，从中积累了经验，增强了信心。她们在地方教育委员会和《济贫法》[1]委员会任职。她们还学习发表公开演讲。正如妇女选举权运动者安伯利夫人[2]有一次所说的那样，"人们看到一个女

1 《济贫法》：英国对贫困者进行救济的法令。16世纪开始实施，经过数次改革，一直持续到1948年。

2 安伯利夫人（Lady Amberley，1842—1874）：即凯特·安伯利（Kate Amberley），英国女权主义者，出身贵族，为罗素（Bertrand Russell，1872—1970）之母。

人可以演讲而同时依然表现得像一位贵妇人后，都对我表示惊讶。”此外，具有各种不同政治信仰的妇女都开始投身到这场运动中来，像弗朗西丝·鲍尔·科布和埃米莉·戴维斯这样的保守党人对这项事业的赤诚丝毫不亚于自由党和激进派妇女。

19世纪90年代，随着越来越多的男人获得了选举权，妇女越发感到待遇悬殊，社会不公。她们指出，连那些几乎目不识丁的贫穷男人都获得了投票权，而受过良好教育、缴纳着地方税和国家税的妇女却仍然无缘获得完整的公民权。有观点认为，1897年见证了一场真正的突破：一项有利于妇女的法案在下院获得了71票的多数，而且这种情况在随后几年中反复出现。虽然这些法案没有一项转化为实际的改革，但妇女选举权运动者还是深受鼓舞。

第七章

为投票权而战：妇女选举权女斗士

suffragette（妇女选举权女斗士）这个词是1906年《每日邮报》创造的，最初是一个污蔑性的称谓，后来被不断壮大的激进运动纳为己用，并被赋予了新的含义。慢慢地，至少有一些妇女选举权运动者意识到通过和平手段取得的成果微乎其微。但是早在1868年，莉迪娅·贝克尔就曾不无夸张却又带有一定远见地说过，“它**需要**流血或暴力行动”来“唤醒政府去实现公平正义”。

19世纪70年代初期，少数妇女把“没有代表权就不纳税”的观点直接付诸行动，拒绝纳税。然而直到1903年潘克赫斯特家族创建妇女社会政治联盟（WSPU）时，鲜有什么真正的改变。她们已经在自己的根据地曼彻斯特积极行动起来，抗议当局禁止独立工党集会的做法。潘克赫斯特博士于1870年起草了第一部《取消妇女限制法案》，后来由雅各布·布赖特[1]提交给议会。（该法案二读通过，但是被威廉·格莱斯顿[2]宣布无效。）埃米琳·潘克赫斯特夫人[3]曾经担任《济贫法》监督官，她作过这样的评价："我虽然参加过妇女选举权运动，但是我现在才开始认识到，妇女手握选票不仅仅是一项权利，还是一种极其迫切的需要。"她的女儿克丽丝特布尔（Christabel Pankhurst）很可能受到了多重影响，这种影响不仅仅来自她的父母，还因为她聆听过美国妇女选举权运动者苏珊·B.安东尼（Susan B. Anthony）的讲话，撰写过她的传略——安东尼曾于1902年造访曼彻斯特。克丽丝特布尔写道："想到又一代女性在为争取选举权而浪费生命，简直令人难以忍受。我们再也不能浪费时间了。我们必须行动起来。"

从本质上说，妇女社会政治联盟依然是一个家族式组织，虽然1906年弗雷德·佩西克·劳伦斯和埃米琳·佩西

1　雅各布·布赖特（Jacob Bright，1821—1899）：英国激进的自由党人和女权主义者。

2　威廉·格莱斯顿（William Gladstone，1809—1898）：英国政治家，曾以自由党人身份担任4届英国首相。

3　埃米琳·潘克赫斯特夫人（Mrs Emmeline Pankhurst，1858—1928）：英国妇女选举权运动奠基人之一。

图5 埃塞尔·史密斯（Ethel Smyth）1911年为妇女社会政治联盟所创歌片儿《妇女进行曲》的封面，宣告为了选举权“妇女们奋勇前进”。她使用了妇女选举权女斗士们的代表色——绿色、紫色和白色，但这既是一场示威，也是一场庆典，充满了对美好未来的憧憬。

克·劳伦斯[1]同意资助这项事业，并将其总部设在伦敦克莱门特这个小客栈里。（诚然，妇女社会政治联盟是最著名、同时或许也是最富成效的争取妇女选举权团体，但是还有许多其他组织——妇女自由联盟、全国妇女选举权社团联盟、女演员选举权联盟等——这些组织虽然没有那么引人注目，却都取得了进展。）从一开始，克丽丝特布尔·潘克赫斯特就主导了妇女社会政治联盟，并很快在自己身边聚集起一批忠心耿耿的追随者，其中包括：当过磨坊女工的安妮·肯尼（Annie Kenney），她很快成为她们中最富成效的演讲者；工人阶级出身的已婚妇女苏格兰人弗洛拉·德拉蒙德（Flora Drummond）；以及信仰社会主义的教师特雷莎·比林顿（Teresa Billington）。

成立不到一年，妇女社会政治联盟就发展到约58个支部。同时，其内部也第一次出现了分裂和对克丽丝特布尔的不满，这种分裂和不满到后来数不胜数。她毫无疑问极具领袖魅力，令众多追随者唯其马首是瞻，不过这种忠诚

1　弗雷德·佩西克·劳伦斯（Fred Pethick Lawrence，1871—1961）和埃米琳·佩西克·劳伦斯（Emmeline Pethick Lawrence，1867—1954）：英国贵族夫妇，英国女权运动领袖。

有时并不健康。然而，她也时常表现得专横跋扈，冷酷无情。她的母亲埃米琳也是如此，只是程度或许稍轻些。特雷莎·比林顿后来曾表示克丽丝特布尔利用了自己的追随者，“她利用了她们的长处和短处，强迫她们参加毫无准备的行动，不肯宽恕软弱表现，吹嘘拔高新手，说其成熟老练，丝毫听不进成熟的意见。”

1935年，一位妇女回首往事时，形容埃米琳·潘克赫斯特是“希特勒和墨索里尼的前辈——一个权威不容置疑的领袖，一个不会犯错的领袖”。由于愤怒，她的话有些言过其实，但很可能也有一定的真实性。这个评价用来形容克丽丝特布尔很可能还要更准确一些。特雷莎·比林顿称，克丽丝特布尔是“一个精明强干的政治家，一个手腕高明的政客，一个自我奉献的世界改造者，一个铁石心肠的独裁者”。于是，妇女社会政治联盟最忠诚、最能干的两位组织者弗雷德·佩西克·劳伦斯和埃米琳·佩西克·劳伦斯在1914年被排挤出局，连西尔维娅·潘克赫斯特[1]也在1913年被扫地出门。西尔维娅也许是这个家族里

1 西尔维娅·潘克赫斯特（Sylvia Pankhurst，1882—1960）：英国左翼妇女选举权运动者，埃米琳·潘克赫斯特之女。

最有趣、肯定也是最富有同情心的一位：她是一位才华出众的艺术家，也是一名社会主义者，她成立了自己的组织东伦敦联盟（ELF），旨在帮助已经组建家庭的工人阶级妇女。她曾与工党政治家基尔·哈迪[1]有过一段恋情，哈迪甘愿冒断送个人政治生涯的风险来支持妇女选举权事业。

向激进行动的转变经历了一个渐进的过程。最初，妇女选举权女斗士们在公开集会上诘难政治家。进而，她们组织了自己的大规模集会和游行。从一开始，她们便在场面效果上展现了惊人的宣传天赋。很快，她们熟练地掌握了如何使自己的观点显得直观醒目。她们在海德公园艾伯特音乐厅外的街道上举行声势浩大的游行示威：在爱德华统治时期的伦敦出现这些妇女公开集会，本身就已经非常令人惊讶了。

妇女选举权女斗士们选择的颜色非常醒目：妇女们身穿配以绿色和紫色饰带的白色长裙，举着色彩鲜艳的条幅，上面绣着或镶着标语口号。艺术家妇女选举权联合会

1 基尔·哈迪（Keir Hardie，1856—1915)：苏格兰社会主义者、工人领袖和英国工党创始人。

创作的招贴画和明信片收效显著，其中最著名的一幅分上下两层：上层标注着“女人可以做到的，却还没有选举权”，绘有护士、母亲、医生和工厂工人的形象；下层标注的是“男人可能做过的，却并未丧失选举权”，绘有罪犯、疯子、白人奴隶主、酒鬼以及被形容成“不宜服役”的残疾人的形象（这倒有失公允）。她们的一些宣传过于追求轰动效应，以致未能真正发挥作用：譬如，一张反对“猫鼠法案”（源自把监狱里的绝食抗议者先释放再重新逮捕的做法）的招贴画上画了一只凶恶的姜黄色大猫，牙齿咬着一个女人柔弱的身体，这个女人一袭妇女社会政治联盟的标志性装束。而且，至少有些妇女选举权女斗士似乎已经敏锐地意识到了当时还比较新颖的摄影这种形式所蕴含的政治机遇，并且充分地加以利用。事实上，或许正是她们留下来的那些影像资料，才使妇女选举权女斗士们看起来依然令人兴趣十足。那些记录了游行示威的黑白老照片使那个时代立刻生动起来——这也包括那些反映人们眼中警察进行迫害的影像。在一张著名的照片上，看上去精心打扮、装束正式、矮小柔弱的潘克赫斯特夫人，正在被两个愤怒的粗暴男人挟持着带走。

图6 由潘克赫斯特家族领导的妇女选举权女斗士游行，1911年。

渐渐地，妇女选举权女斗士们才开始诉诸直接行动。她们开始时采取的是看似温和的对抗行动：猛撞政治家的门，或者聚集在唐宁街抗议。随着挫败感的加剧，她们开始采取零星的暴力和纵火行动：焚烧邮箱，砸碎商店橱窗。埃米琳·潘克赫斯特曾经这样说道："破碎的玻璃窗是现代政治中最有价值的论争。"（有趣的是，伦敦西区一些被砸了橱窗的商店依然在妇女选举权女斗士们的刊物上做广告；一些商店出售妇女社会政治联盟标志色的衣服，甚至有一家还出售白、紫、绿三色的内衣。）

西尔维娅·潘克赫斯特说过"三座苏格兰城堡一夜之间毁于大火"，她对此举明显表示认可。1914年初，卡内基图书馆、两座古老的教堂以及许多庞大的空宅被付之一炬。玛丽·理查森[1]划坏了国立美术馆收藏的委拉斯开兹[2]的油画《梳妆中的维纳斯》，宣称"我要毁掉神话史上最美丽的女人的画像，因为政府正在毁掉潘克赫斯特夫

---

1 玛丽·理查森（Mary Richardson，1889—1961）：加拿大妇女选举权运动积极分子，在英国女权运动中表现活跃。

2 迭戈·委拉斯开兹（Diego Velázquez，1599—1660）：西班牙绘画大师。《梳妆中的维纳斯》作于1647—1651年间，为其存世的唯一裸体油画，也是17世纪西班牙两幅裸体油画之一。

人——她是现代史上最美丽的人物”。一些激进分子则更为过火：她们火烧了一位敌视妇女选举权事业的大臣的官邸；两名妇女竟然企图烧掉都柏林一个坐满观众的剧院。一位名叫埃米莉·怀尔丁·戴维森[1]的妇女为争取选举权而献身，之前她曾宣称这项事业“需要一个悲剧”。在1913年德比马赛[2]上，她在比赛中冲入赛道——无疑是冒死，甚至是寻死——绊倒了国王的赛马。几天后她伤重不治而死。然而，虽然最初激进分子乃至像戴维森这样的狂热分子曾经激起过大众的真正同情，但她们的举动同时也疏远了许多支持者。

并非每个人都赞同这种不断升级的斗争新策略，即便是在这场运动内部也不例外，因为这意味着坐牢的女性会越来越多。曾经和埃米琳·潘克赫斯特密切合作过的特雷莎·比林顿就公开谴责使用暴力，认为暴力手段将“迫使大量女性作出自我牺牲，有时甚至是自杀，而且无一例外地会受到可怕的伤害，很有可能还会遭到虐待”。她因此

1 埃米莉·怀尔丁·戴维森（Emily Wilding Davison，1872—1913）：英国激进女权主义者。

2 德比马赛：1780年以来每年6月的第一个星期三在萨里郡埃普瑟姆唐斯举行的传统赛马活动。

图7 1914年5月，埃米琳·潘克赫斯特试图向国王递交请愿书，结果在白金汉宫外被捕。图片左侧的男子怒气冲冲，凶相毕露；身穿制服的警察也许只是在例行公事。

图8　在1913年德比马赛上，埃米莉·戴维森扑到国王的赛马下，为妇女选举权事业而献身。

认为，激进行动“由革命堕落成了政治把戏”。她公开谴责摆“烈士姿态”，反对妇女选举权女斗士们摆出一副自己“不是反叛者，而是无辜的受害者”的样子。伊丽莎白·加勒特·安德森辞去了妇女社会政治联盟的职务，连阿德拉·潘克赫斯特[1]也反对极端的激进行动。因此，这

1　阿德拉·潘克赫斯特（Adela Pankhurst，1885—1961）：英国女权主义者、和平主义者，加入过共产党。

场运动内部的分裂加大了。

早在1908年，那些因为采取某种直接或暴力行动而入狱的妇女选举权女斗士们就开始通过绝食来反抗当局。最初的几位妇女成功获释。但是随着越来越多的妇女加入绝食抗议，当局开始强制她们进食。许多妇女自视为烈士，其他很多人也这么看待她们。埃米琳·潘克赫斯特数次入狱，佩西克·劳伦斯夫妇也是如此。康斯坦丝·利顿小姐[1]1909年第一次被捕入狱，但当局弄清她的社会地位后对她格外开恩。获释后，她采用化名进行活动，结果再次获刑，被强制喂食8次，使她的健康受到了永久性的损害。《罪犯保释法案》（俗称“猫鼠法案”）通过后，引起了巨大争议：妇女暂时获释出狱，恢复健康后再次被捕。她们激起了广泛而真诚的同情。但是随着时间的流逝，对她们这场运动的批评之声开始高涨，有些批评者甚至是曾经的支持者。譬如，特雷莎·比林顿就坚信：“我认为感情用事、个人独断和狂热盲从并非妇女解放的光明大道。”

到这个阶段，克丽丝特布尔·潘克赫斯特已经退出这

1 康斯坦丝·利顿小姐（Lady Constance Lytton，1869—1923）：英国贵族妇女，妇女选举权运动者。

场斗争多时了。她旅居巴黎，过着安逸乃至奢华的生活，逃避了国内妇女选举权女斗士们所面临的不断加剧的纷扰。她于1910年宣称："女士们！休战听起来很好，但是激进行动不可替代。我们在这场斗争中感到无比自豪，因为我们感到斗争使我们变得有多么强大。"忠心耿耿的安妮·肯尼每个周末都去拜访她，然后带回这位流亡领袖的指示。其他较为明眼的妇女则批评她临阵脱逃，可谓理所当然。

由于第一次世界大战，情形发生了彻底的改变。1914年8月，埃米琳·潘克赫斯特明智地宣布暂停妇女选举权运动。克丽丝特布尔——法国的旅居生活看来损害了她清晰思考的能力——极为夸张地评价道："男人所创造的文明，在和平时期丑陋至极且残酷无情，现在将要被毁灭了。"这场战争，她继续说道，是"神对那些将女性置于屈从地位的人的报复"。西尔维娅想得总是要深刻得多，她在《妇女选举权女斗士运动》中说：

男人和女人已经被战争的苦难和牺牲拉得更近了。在巨大的灾难面前，在由于战争而赤裸裸地暴露出来的巨大的经

图9 戏剧化反映妇女选举权女斗士在狱中被强制进食的招贴画，1910年。（画面上方文字：现代宗教裁判所：自由党政府统治下政治犯的遭遇；画面下方文字：选民们！投首相的反对票，制止这样的折磨。）

济问题面前，参加妇女选举权运动的女性变得敬畏和谦卑了，知道社会变革是一项长期而艰巨的工作。

1918年，30岁以上的妇女获得了选举权。1928年3月，在保守党政府执政期间，她们终于在选举权上和男人实现了平等。

第八章

20世纪早期的女权主义

20世纪早期，英国妇女获得了法律平等和公民平等，虽然在实践中并不尽如人意，但至少在理论上是平等了。1918年起，30岁以上的妇女获准参加投票。随之她们内部便产生了争论——是该将工作重心放在大力争取和男性同等条件的投票权呢，还是该集中精力解决女性的其他需要和问题。一些女性和一些男性都感到，成立女性政党应该能够帮助她们扩大既有成果，但是她们让这个机会溜走了。

第一次世界大战的影响过于纷繁复杂，难以简单概括。它给一些妇女提供了外出工作的机会。在战争年代，外出工作的妇女人数增加了100多万。她们中的一些人在兵工厂和机械厂工作，另一些人在医院工作。很多妇女要求提高薪酬，有时也坚持要求和男人拿同样的薪水。她们组建了一支妇女志愿预备队以及一些女警巡逻队。战时，无论她们是在家里操持家务，还是在外辛勤工作，几乎可以肯定其贡献对她们于1918年获得部分选举权起到了促进作用。但是，战争使许多女性或成了寡妇，或一直独身，战时报刊还曾诋毁过“招摇的随意女郎”[1]。西尔维娅·潘克赫斯特挖苦道：“杞人忧天的道德贩子们编造出洪水猛兽般的女孩和妇女形象……（她们）放荡不羁，给国家平添大堆大堆的私生子。”一家女权主义报纸评述说，军方并未意识到“他们在保护军队不受妇女干扰的同时，没能保护妇女不受军队的骚扰”。

早在1918年，下院议员们就赞同妇女可以名正言顺地在议会拥有一席之地，不过妇女真正当选议员却经历了非常漫长的过程。1918年，克丽丝特布尔·潘克赫斯特参选斯梅西克[2]议员，但是以700票之差落选。1919年和1920年，两位女性——保守党人阿斯特夫人（Lady Astor）和自由党人玛格丽特·温特林厄姆（Margaret Wintringham）——先后接替了自己丈夫在议会的席位。

1　随意女郎：指20世纪20年代的新潮年轻女性，时人普遍认为其有伤风化。
2　斯梅西克：英国英格兰西米德兰兹郡工业城镇。

阿斯特从未热心参与过争取妇女选举权的长期斗争，而温特林厄姆则是全国平等民权社团联盟[1]（NUSEC）的成员，同时也是妇女研究所[2]的一员。温特林厄姆后来还公开宣称，料理家务是一个“十分荣幸、需要技术、事关国家命运的职业”。

工党党员埃伦·威尔金森（Ellen Wilkinson），一位拥有工会背景的未婚女性，于1924年当选议员，她直言不讳地谈论各种各样的问题，令人钦佩。她十分关注妇女在家庭中的地位，认为妇女应当获得持家津贴；她支持工会的权利；国际和平与自由联盟[3]调查英军士兵在爱尔兰的暴行时，她是调查团成员之一。她写道：“男人们半夜闯进家里，把女人们赶下床，女人们身上只裹着一件外套。她们半夜被赶出家门，家园被付之一炬。”

1929年，阿斯特夫人提议女议员们组建一个妇女政党，但是由于工党妇女党员不太支持这个想法，这个提

1　全国平等民权社团联盟：成立于1918年，前身为全国妇女选举权社团联盟（NUWSS），支持妇女选举权运动。

2　妇女研究所：成立于1915年，最初旨在活跃农村社区，第一次世界大战中鼓励妇女投入粮食生产，现为英国最大的妇女组织。

3　国际和平与自由联盟：成立于1915年，全称“国际妇女和平与自由联盟”，宗旨是反对战争。

议终告流产。（一些现代历史学家认为这是一个极好的机会，可惜被白白错过了。）一直到了1940年联合政府成立时，只有12位女议员。热衷政治的妇女似乎更加青睐地方政府。自19世纪70年代以来，妇女积极参与地方教育委员会及其他地方机构的事务，一战后有更多的妇女加入进来。

全国平等民权社团联盟有着更远大的目标，即“实现其他所有必须的改革：经济改革、法律改革和社会改革，以确保男女之间在自由、地位和机会方面的真正平等”。例如，其成员曾奔走呼号，希望能向妇女开放各种专门职业，主张她们应享有和男性同工同酬的权利。1919年，《（消除）性别歧视法》至少在理论上向妇女从事各种专门职业和担任公务员敞开了大门。据弗吉尼娅·吴尔夫称，该法比选举权对妇女的作用更大，但是现代历史学家对此表示怀疑，至少对其短期效用表示怀疑。1923年，《婚姻诉讼法》为男女离婚奠定了平等的基础。

但是，全国平等民权社团联盟所关注的不仅仅是平等，还有**差异**，其成员努力解决女性的特殊问题和需求。

埃莉诺·拉思伯恩[1]出任该联盟主席后提出，妇女不应该要求和男人平等，而应该要求"实现自己天性中的各种潜能、适应各自生活环境所需之物"。她们的要求包括改革离婚、儿童监护以及卖淫等方面的法律。1921年，六点团[2]成立，其成员中有一些曾经是激进派，包括记者和小说家丽贝卡·韦斯特，但是其诉求内容以及所采取的方式基本都称不上激进。她们也着力解决妇女的特殊问题，呼吁改善未婚妇女和孤儿寡母的境遇，改革涉及侵犯儿童行为的法律。她们希望已婚男女享有同等的子女监护权，男女教师获得同等薪酬，她们还反对政府机构中对女性的歧视。她们发布了一份黑名单，上面列有敌视妇女权益的议员的姓名，督促妇女们无论自己持何种政治立场，都不要投票给他们。

20世纪20年代，新出现了几家面向女性的杂志，不过它们的名字——《妇女和家庭》、《好管家》——清晰地表现出对其读者没有寄予太高的期望。但是也有不同的声

1 埃莉诺·拉思伯恩（Eleanor Rathbone，1872—1946）：英国社会改革家。
2 六点团：由朗达夫人（Lady Rhondda）建立的妇女组织，因提出男女平等的六点主张而得名。

音，在妇女地位这个问题上表现得要激进一些。1920年创刊的《时代与潮流》拥有一些著名的撰稿人，包括弗吉尼娅·吴尔夫、丽贝卡·韦斯特和罗丝·麦考利[1]。这家杂志认为妇女应该行动起来，依靠自己的力量，向**所有**政党施加压力，要它们解决妇女的种种关切。它还提出了众多妇女问题，包括未婚母亲及寡妇的地位、子女监护权等。1925年，韦斯特一如既往斗志昂扬地写道：

> 我是一名老派的女权主义者……我们队伍中有些人有意降低了嗓门，冷静地告诉我们性别对立的时代已经终结，因此我们只能和男人携手并进。我不相信这一套。

韦斯特是一名社会主义者、一名妇女选举权运动者和一位富有成效的宣传家，她始终斗志旺盛——她认为妇女还有很多东西需要通过斗争去争取。

但是，她的写作主题十分广泛，思想深邃，经常妙语含讽。她嘲笑男性对女性一厢情愿的想法：“如果我们

1　罗丝·麦考利（Rose Macaulay，1881—1958）：英国女诗人和小说家。

想让每个女人都变成圣母，我们必须让她们有足够的食物。”不过她对无所事事的上层妇女也同样尖刻，说她们整天“在房子里晃荡，迟钝的头脑里一心想着聚会”。

在此后的岁月里，丽贝卡·韦斯特还就审判纳粹战犯发表过非常有影响的文章。20世纪30年代后期，她写了一部有关南斯拉夫的书，篇幅很长，十分有趣。另一方面，她的小说也流露出一种对男女关系的多愁善感，这种多愁善感令人意想不到，往往还有些腻人。也许这源自她似乎并不幸福的个人生活：她和H. G. 威尔斯[1]有一个私生子，虽然他们一起生活了几年，不过儿子安东尼基本上是她独自抚养大的。安东尼后来对母亲十分恶劣，显然没有想过母亲经历了怎样的艰难岁月。

在这段时期，大众媒体，无论是出于紧张不安还是尖酸刻薄，自始至终都倾向于把女权主义者描绘成失意的老姑娘或母夜叉。一名记者评论道，因为战争，许多年轻女性都“已经没有了女性特征，变得十分男性化，事实上，这种中性状态在她们身上体现得极为明显，以至于这些个

1 H. G. 威尔斯（H. G. Wells，1866—1946）：英国著名科幻小说家。

体都被（不厚道地）称为‘它’，而非‘她’了”。女教师和女公务员一样，有时不得不奋起反抗性别歧视。20世纪20年代，经济开始陷入萧条，女性和以往很多时候一样首当其冲，面临着失业。

不过，的确有更多的女性受到了良好的教育，不仅是中小学教育，还包括大学程度的教育，这在很大程度上要归功于埃米莉·戴维斯（见第五章）。然而，在《一间自己的房间》里，弗吉尼娅·吴尔夫以她特有的拐弯抹角的方式，揭示了女性在剑桥大学沦为二等公民的情形：她描述自己如何被禁止进入一座著名的图书馆，描述自己和女子学院的一位同窗好友如何不能像男生那样吃鳎目鱼和山鹑，而只能喝肉汤、吃牛肉。1935年，另一位名叫多萝西·L.塞耶斯[1]的作家根据自己在牛津大学萨默维尔学院的学习经历，创作了小说《俗丽之夜》，以宽广的胸怀深情地褒扬了一批牛津大学女教师所表现出来的正直诚实、聪明才智和对他人无微不至的关怀（虽然她不得不安排一位男侦探来帮助她们解开一桩罪案的谜团）。她笔下的一

1 多萝西·L. 塞耶斯（Dorothy L. Sayers，1893—1957）：英国著名侦探小说家。

位女教师不无欣慰地说，她们的确取得了很大成就——这都是靠“锱铢必较”取得的。

为法律平等、公民平等和教育平等而奋斗过去一直是——从某种程度上说现在依然是——女权主义的核心内容。但是，这场运动也凸显了两性差异，要求重新更加深刻地理解女性作为妻子和母亲的特殊需求。20世纪早期最有意思——从长期来看影响也最为深远——的事件之一便是避孕。这个话题当时很少被公开讨论过，而且时至今日仍然能激起强烈的反对。早在1877年，支持节育的组织马尔萨斯联盟[1]就开展了避孕方法的宣传活动。该组织的两位重要成员——安妮·贝赞特和查尔斯·布雷德洛[2]——因为出版了与此相关的《人口规律》这本美国人写的小册子而遭到审判。（同样是这位安妮·贝赞特，在19世纪80年代强烈支持抗议布赖恩特－梅火柴厂恶劣工作条件的女工罢工。）

《人口规律》的作者玛格丽特·桑格（Margaret

1 马尔萨斯联盟：英国第一个致力于宣传避孕知识的组织（1877—1927）。

2 查尔斯·布雷德洛（Charles Bradlaugh，1833—1891）：英国社会活动家和著名无神论者。

Sanger）曾在纽约贫民窟里做过护士，为那里的妇女服务过。她还创办了月刊《妇女反叛者》，不仅号召革命，而且——显然更加危险的是——还介绍避孕知识。在一本名为《计划生育》的小册子中，她认为避孕能够让“普通妇女”拥有“两情相悦的满意性行为……其魅力在于能够促进健康，而且还有美容提神之功效”。1873年通过的《康斯托克法》规定，邮递“淫秽、下流或猥亵”材料属违法行为。桑格在出庭受审的前一天离开了美国，于1914年到达格拉斯哥，后于1915年7月抵达伦敦，在那里结识了玛丽·斯托普斯（Marie Stopes）。

虽然二人志趣相投，但是她们的关系却根本谈不上融洽。斯托普斯是个令人困惑、难以相处的女人。在少女时代，她既聪明伶俐又胸怀大志，在父亲的鼓励下，一直读到大学，获得了理学学士学位。但是——大概和那个时代其他许多家教良好的女孩一样——她对于性几乎一无所知。即便如此，她在十分漫长的时间里依然保持着性无知，还是令人觉得不可思议。在和一个名叫藤井健次郎[1]

1 藤井健次郎（Kenjiro Fujii，1866—1952）：日本植物学家和细胞学家。

图10　玛格丽特·桑格，为纽约贫民窟妇女服务的护士，让避孕知识惠及千家万户——此举在当时需要极大的勇气——她不得不为此逃离祖国，躲避法律的追究。

的日本男人保持了一段热烈但无性的长期恋情后，她嫁给了一个名叫雷金纳德·盖茨[1]的男人。他们在这段婚姻中

1　雷金纳德·盖茨（Reginald Gates，1882—1962）：加拿大植物学家和遗传学家。

始终没有同过房，但是斯托普斯直到大约3年后才意识到缺了点什么。她后来再婚嫁给了汉弗莱·罗[1]，但是第二次婚姻远不如她所期望的那样幸福美满，不过罗在她后来开办节育诊所时给予了她宝贵的支持。但是斯托普斯至少找到了有效的方法来克服自己的无知，进而帮助那些几乎和自己当年一样无知的妇女。她后来写了《婚后之爱》（1916），半个月内售出2,000本，年底时已经达到了6个印次。接着，她又写了《明智的父母之道》（1918）和《做个快乐母亲》（1920）。她的文风——嗯，有些华丽：

在那永恒的时刻，在那狂喜的巅峰，令人几近昏厥的涌动压倒了精神，将男人和女人的全部精华一举卷入它那迸发的高潮之中。

这种（毫无可信度的）极乐和另一副阴郁但同样奇异的景象形成了鲜明的对比：

---

1 汉弗莱·罗（Humphrey Roe，1877—1958）：英国飞机设计家、制造商，第一个用自行设计的飞机飞行的英国人。

挥霍无度者繁殖得如此之快，容易生下由于身心畸形孱弱而柔弱残疾的孩子，同时却要求健全而节俭者来养活。

不过，玛丽·斯托普斯以实际行动表明她是玛格丽特·桑格忠实的朋友。当桑格回到美国再次面临指控时，斯托普斯挺身而出给予她以支持。她不仅为桑格组织了一次请愿活动，还以她特有的华丽文风给美国总统写了一封信：

对一个女人来说，她的每一根纤维、每一块肌肉和每一根毛细血管都被一种神秘而日益加剧的恐惧所悄然毒害，这恐惧来自一个意外在她心脏之下慢慢成形的胚胎，比任何噩梦都彻骨、漫长。先生，您可曾想象过作为这样一个女人意味着什么？

玛丽·斯托普斯的书——至少就其实用性而言，明显满足了一个迫切需求——实际上延续了十分畅销的势头。她坚持认为“正常男人的性需求”并不比“正常女人的更强烈”，这显然触动了许多女性的心弦。她后来和雷金纳德·盖茨在伦敦北部的霍洛韦区开办了一家节育诊所，为贫苦妇女提供免费避孕咨询。诊所的宣传手册上声称，他们为那些身体内部受到损害的“奴隶母亲”带来健康和卫生，这些母亲每年都生下“孱弱的婴儿”，但是“中产阶级和医学界却冷漠地任其生活在胁迫之下的无知中”。但是玛丽·斯托普斯也树敌不少，这些人与她有着共同的兴趣，本来也许会和她精诚合作的。1928年，一个潜在的同路人抱怨她患有“偏执狂和夸大狂”。

1936年，一群妇女成立了堕胎法律改革协会，着力应对一个更具争议性的问题。她们称每年大约有500名妇女死于堕胎，而这都是非常无谓的。她们中的一位活动家、出生于加拿大的斯特拉·布朗[1]勇敢地公开承认：“如果堕胎会致命或造成受伤，那么我就不会站在你们面前了。”这个问题直到20世纪50年代（以及之后）仍争议不断，但已经有数个妇女组织开始敦促将堕胎合法化。1956年，一项报纸民意调查发现，在200个受访者中，51.9%的人赞成自主堕胎，23.4%的人赞成由于健康原因进行堕胎。然

1 斯特拉·布朗（Stella Browne，1880—1955）：加拿大女权主义者、社会主义者和性别激进分子，支持女性节育。

而，在20世纪70年代女权主义复兴后的很长一段时间内，堕胎依然是一个频频引发争议的主要问题。

一些当代女权主义者不屑地认为弗吉尼娅·吴尔夫与女权主义毫不相干。例如，希拉·罗博特姆[1]评价说，在《一间自己的房间》里，吴尔夫要求拥有500镑年金和一个自己的空间，这针对的仅仅是少数受过教育的中产阶级女性。此话不假，但是她依然拥有读者，而且其中还有那些对大部分女权主义作品不屑一顾的女人（和男人）。的确，吴尔夫对于“女权主义”这个字眼怀有矛盾情绪。该书最初出版时，她承认自己很担心会“被视为女权主义者而受到攻击”。在《三几尼》——后来一部要阴暗许多的作品，写于战争迫近和法西斯主义膨胀的阴霾之下——中，吴尔夫直接抨击了“女权主义”这个说法，认为这是“一个陈旧的字眼，一个恶毒、邪恶的字眼，盛行之时已为害不浅，现在则已经过时了”。她向“受过教育的男人的女儿”——而非仅限于受过教育的女性——发出的呼吁现在听起来相当缺乏策略，而且即便是在20世纪30年代

1　希拉·罗博特姆（Sheila Rowbotham，1943—）：英国社会历史学家、女权主义作家及理论家，信仰社会主义。

想必也已经相当过时了。(她解释说，“受过教育的男人”指的是那些上过牛津或剑桥的男人。)但是她有力而尖锐地指出，“亚瑟教育基金”几十年来，乃至几百年来，使男孩而非其姐妹受到了应有的教育。她讽刺道，直到1919年，婚姻都是“唯一向女性敞开大门的伟大职业”。而且，她又补充说，她们由于缺乏教育竟连从事这项职业都不够格。

在《一间自己的房间》中，弗吉尼娅·吴尔夫为当时刚刚遭到一个男人批评的丽贝卡·韦斯特进行了辩护。这个男人称，韦斯特是“彻头彻尾的女权主义者！她说男人都是势利眼！”吴尔夫担心，妇女选举权运动“极可能已经激起了男人独断专行的超强欲望”。她说，毕竟“这几百年来女人一直扮演着镜子的角色，这镜子有着一种奇妙的魔力，能映照出两倍于实际块头的男人形象”。她坚信，大部分女性事实上都不知道男人到底有多么憎恨她们。“男人反对妇女解放的历史，”她冷冷地说道，“也许比妇女解放这个过程本身更有意思。据此可以写出一本有趣的书来。”不过作者，她补充道，“得戴上厚厚的手套，躲到护栏后面，以免被坚硬的金子所伤。”不管怎么说，现在看起来滑稽可笑的事情，“曾不得不极度认真地予以对待……你们的祖母和曾祖母中，许多人曾哭干了眼泪。”

在匆匆翻阅小说家“玛丽·卡迈克尔”[1]写的一部现代小说时，吴尔夫碰到了“克洛艾喜欢奥利维娅”这样的表述，“接着，它使我猛然意识到这中间发生了多么巨大的变化。克洛艾喜欢奥利维娅，这在文学中也许还是头一遭。”也就是说，在此之前，小说中女性几乎总是因为和男性有关系才出现的。接着往下读，吴尔夫了解到这两个女人共用一个实验室，“实验室本身会使她们的友谊更加丰富多彩、更加持久，因为其中个人因素要少一些。”于是她惊呼，玛丽·卡迈克尔也许在从未有人涉足之地点燃了一支火炬，探索着这样一个地方：“妇女独立存在，不需要异性用变幻莫测的彩灯去照耀。”

在《一间自己的房间》中最令人难忘的部分，吴尔夫总结了自己对妇女才华过去曾经——现在依然时常——如何遭到压制和浪费的论述。她审视了历史上一些才华横溢的女性，从纽卡斯尔公爵夫人、乔治·艾略特到夏洛

1 玛丽·卡迈克尔（Mary Carmichael）：吴尔夫虚构的小说家，以其独特的句式颇受好评。

蒂·勃朗特——她们被剥夺了“体验、交流和旅行”的机会，因此从未像她们原本能够做到的那样写出铿锵有力、磅礴大气的东西来。吴尔夫还创造了莎士比亚之妹朱迪丝（Judith）这个令人难以忘怀的有力形象。她和哥哥一样天资聪慧，却不可避免地对男人感到失望，遭到他们的嘲笑和利用。和哥哥一样，她满怀希望地来到伦敦的一家家剧院，但是很快“发现自己有了身孕……于是——当诗人的心被禁锢羁绊在一个女人的体内时，谁能了解它的热度和强劲搏动呢？——她在一个冬夜自杀了，埋在某个十字路口，就是今天公共汽车在大象堡外停靠的位置”。但是“她就活在你我身上，活在许多今晚不在这里的女人身上，因为她们要洗碗，要哄孩子上床”。

第九章

女权主义第二浪潮：20世纪后期

第二次世界大战后，有几个国家出现了有时被称为女权主义“第二浪潮”的妇女运动。1946年，联合国设立了妇女地位委员会，并于两年后颁布了《世界人权宣言》，规定成年男女“在缔结婚姻、结婚期间和解除婚约时，享有平等的权利”，同时还承认妇女作为母亲时有权享受“特别照顾和协助”。1975年到1985年之间，联合国分别在墨西哥城、哥本哈根和内罗毕召开了3次国际大会，讨论妇女问题。这几次大会承认女权主义

是来自不同地区、阶层、国家和民族背景的妇女对自身关切和权益作出的政治表达……女权主义具有多样性，而且必须具有多样性，这反映了不同女性的不同需求和关切，并由她们自行对其进行界定。

非洲妇女作了有益的提醒：

妇女也是统治他人的阶层和国家的一分子……和“姐妹情谊”的良苦用心相悖，并非所有妇女都有相同的权益。

许许多多西方女性纷纷拿起了笔。当时最有影响力的人物之一便是法国作家西蒙娜·德·波伏瓦[1]，而且至今仍然如此。她的作品——包括四卷本自传和几部小说——总体构成了对一个女人个人体验的深度探索。其他许多国家的女性纷纷响应，称波伏瓦的《第二性》(1949)帮助她们看到了在女性所处的大环境下自己个人的种种挫折。波伏瓦认为，从古至今，妇女被剥夺了享有完整人性的权利，被剥夺了创造、发明以及超越单纯的生存在不断拓宽的事业领域中寻找生命意义的人权。男人“改造地球的面貌，创造新的仪器，进行发明创新，铸造未来”；而另一方面，女人却始终是一个原始的“他者”意象。她被男人观看，也是为了供男人观看，永远都是客体而非主体。

1 西蒙娜·德·波伏瓦(Simone de Beauvoir，1908—1986)：法国著名存在主义作家、小说家、哲学家和当代最负盛名的女权主义者。

在分别探讨女童、妻子、母亲、妓女、自恋者、女同性恋者和恋爱中的女人的各个章节中，波伏瓦从不同方面阐述了她的中心论点：正是**男性**活动在创造价值的过程中使存在本身具有了价值；这种活动压倒了各种纷繁复杂的生命力；“它征服了自然和女性。”她认为，女性代表自然、神秘、非人类；她所**代表**的比她的**实际存在**——即她的个体经验——更重要。

但是波伏瓦坚持认为“女人并非天生，而是后天造就的”；女人能够改变她的处境。大部分女性都错误地在爱情中寻求救赎。但是，波伏瓦自己的选择或许也太过简单了：她构想出一个“独立女性”的形象，这个女性

> 想要积极主动，成为主导者，拒绝接受男性意在强加于她的被动地位。现代女性接受男性的价值观；她为自己能以和男性相同的方式进行思考、采取行动、开展工作、从事创造而自豪。

这个形象若是我们的未来，肯定没有多少吸引力。但是她正确地指出，有太多女性念念不忘女子气质所带来的

种种优待；同时又有太多男性乐于见到女子气质强加在女性身上的种种限制。今天，女性徘徊在过去和可能的未来之间，这个未来充满艰难，尚不为人知。

波伏瓦一向反对任何极力主张妇女具有特殊品德或特殊价值观的女权主义，坚定地摒弃任何将特别“女性化”的特质理想化的举动。她认为，支持那种女权主义只会暗示自己赞同

男人为将女性束缚在被压迫状态之下而编造的鬼话。对女性来说，这并不是一个要强调自己是女人的问题，而是一个要成为完完全全的人的问题。

不过，虽然波伏瓦曾经并且一直对某些形式的传统女权主义持批评态度，但是她对日渐兴起的妇女解放运动（MLF）赞叹不已。在1972年的一次访谈中，她承认自己意识到

在我们梦想的社会主义到来之前，为妇女的实际地位而斗争是必要的……即便是在社会主义国家，这种平等也尚未

实现，因此，妇女必须把命运掌握在自己的手中。

1971年，波伏瓦和其他妇女一起在《新观察家》[1]上发表了一篇署名宣言。宣言由当时一个正在推动堕胎合法化的妇女解放运动团体起草，343名妇女在上面署了名，宣称“我曾经堕过胎，现在我要求所有妇女都享有这项权利”。然而，她始终坚持说自己并没有亲身经历过妇女的“冤屈”，自己逃脱了在《第二性》中作过精彩分析的那种压迫。（这种说法并不怎么令人信服。）

我非但没有因为我的女性身份而受苦，相反，20岁以来，我已经集两种性别的优势于一身……我身边的人既把我当成作家、他们男性世界的伙伴，又把我当作女人……恰恰是这种有利的位置，鼓励我撰写了《第二性》。这个身份使我能够畅所欲言。

但是波伏瓦的4卷自传——《孝女回忆录》、《年富力

1 《新观察家》：法国巴黎的一份新闻周刊。

图11　西蒙娜・德・波伏瓦也许是整个20世纪最具影响力的西方女权主义者，她的自传、小说以及伟大的女权主义理论著作《第二性》使其依然声名显赫。

强》、《势所必然》和《归根到底》——以及1964年那本令人啼笑皆非地取名为《十分安详的辞世》的关于她母亲的书，以独一无二的详尽、非同寻常的坦率以及时常感人至深的笔触带领我们作了一次穿越她个人经历的体验之旅。她从未说过自己是别人的楷模，但是她以自己的人生为其他人树立了成功的榜样，展示了一个女孩如何逃脱“客体、他者”的女性角色。她内心对自己专注于妇女问题几乎怀着愧疚之情，因为“我们中有一些人从未因我们的女性身份而感到有什么不便或阻碍”。但是她承认，一个拿起笔的女人不可避免地提供了

一根供人打击的棍棒……如果你是年轻女人，他们会纵容你，乐呵呵地冲你挤眉弄眼。如果你上了年纪，他们会恭恭敬敬地向你鞠躬施礼。但是在青春逝去之后，倘若你胆敢在获得长者的威仪之前发言：整群人都会对你穷追猛打。

她的自传以及小说更加感人，当然也更加直接地面向女性读者，因为或许有悖于波伏瓦的初衷，这些作品——不可避免地——唤起了她本人的挫败感和不安全感，且不论其根源是她和让-保罗·萨特[1]的长期关系中萨特的

1 让-保罗·萨特（Jean-Paul Sartre，1905—1980）：法国作家和哲学家，为存在主义文学的主要创始人之一。

不忠，还是她自己和美国作家纳尔逊·阿尔格伦（Nelson Algren）以及克洛德·兰兹曼[1]之间的感情纠葛，抑或是她自己膝下没有一男半女。

但是自始至终，波伏瓦都对新鲜体验持开放态度。1955年，她和萨特访问中国后，写了《长征》，宣称它“颠覆了我对我们这个星球的所有认识”，因为她开始认识到“我们西方的安逸生活仅仅是一种有限的特权”。她在自己最后一部重要的理论著作《暮年》（1970）中，面对最终不可避免的失败，仍然竭力保持冷静的头脑，这或许是她最为感人的作品。

贝蒂·弗里丹[2]在1963年出版的《女性奥秘》一书中，戳穿了美国富裕白人郊区快乐的家庭主妇这个神话。她写道：“这个尚不具名的问题像个疖子一样从快乐的美国神话中爆裂出来。”创作本书的想法源于她参加完一次同学聚会后为一家杂志撰写的一篇文章。在那次聚会上，她询问在场的其他妇女：“如果能重头来过，你希望自己当初

1 克洛德·兰兹曼（Claude Lanzmann，1925— ）：法国著名纪录片制片人。
2 贝蒂·弗里丹（Betty Friedan，1921—2006）：美国女权主义者和作家，被誉为“女权主义第二浪潮之母”。

的选择有何不同?”她们的回答使弗里丹意识到了一种不可名状但普遍存在的不满情绪。有人批评她思想狭隘，只顾中产阶级；她的言论过于简单化，只会督促郊区妇女进行自己的人生规划，跳出家庭杂务的羁绊，到外面的世界去工作，同时却无视众多没有那么幸运的妇女已经在家务劳动和外面薪酬通常都十分微薄的工作之间疲于奔命了。这个批评不无道理。黑人女权主义者贝尔·胡克斯（bell hooks）为比较贫困的美国人争辩道：

> 解放意味着一个母亲终于获得了辞职的自由——呆在家里，过着有钱人那样的日子……能够工作和不得不工作是截然不同的两回事。

但是，弗里丹的著作论证严谨，文风犀利，甚至还慷慨激昂地控诉了这样一个事实：**即便**是富裕的中产阶级妇女也过着受限制的生活，而且绝大多数情况下都垂头丧气地接受这种限制。她坚持认为，每个妇女都至少应该**问一问**自己到底想要什么，然后她或许才能真正意识到“无论是丈夫、孩子、房中之物、性还是活得和其他妇女一样，都不能给她一个自我”。

弗里丹本人一直具有激进的政治背景，她的早期作品尤为明显地表现出她对社会不平等的敏锐察觉。而且，她和一群其他妇女——其中一些来自汽车工人联合会——后来成了美国全国妇女组织（NOW）的创始人。全国妇女组织的宗旨是：“使妇女完全融入当下美国社会的主流，享有由与男性真正平等的伙伴关系所带来的所有权利与责任。”和女权运动中一些年长的妇女一样，弗里丹担心女权主义的新论调“僵化地反抗过去，在同样的老问题上老调重弹”，而不是向前迈进。在《第二阶段》（1981）一书中，她一方面承认妇女的状况发生了很大的变化，另一方面又表示变化少之又少。虽然长期以来人们为了让《平等权利修正案》[1]获得通过已经付出了艰苦卓绝的努力，但是仍有一些州拒绝批准这项修正案。弗里丹和新一代女权主义者之间的隔阂也许不可避免地愈来愈深了，但指责她与“男权回潮”同流合污也未免有失公允。她深有同感地援引了多伦多一位记者的话：

1 《平等权利修正案》：美国宪法修正案，旨在废除许多州和联邦政府歧视女性的法律，该议案已获通过，但尚未获得批准。

我今天不想被人贴上女权主义者的标签，正如（20世纪）50年代我不想被人当作“头脑简单的金发女郎”一样。妇女解放论者这个标签限制并蒙蔽了那些被贴上这个标签的人。不无讽刺的是，这个标签居然源自一种原本旨在消除给女性贴标签这种做法的想法。

她的批评也许不够公允，但却也不能充耳不闻。

在西方女权主义运动——不久后被称为妇女解放运动——内部，至少最初存在着千差万别，充斥着一种能量，这种能量部分来自于对被排斥在当时左翼团体之外的愤怒，部分来自于蓬勃兴起的运动本身内部不无裨益的观点分歧。许多年轻一些的妇女——在学生运动中，在反越战示威者和新左派分子中——感到她们的男性战友把她们边缘化了。1965年，美国学生争取民主社会组织（SDS）[1]中的女性成员宣称，学会了“从根本上思考过去社会角色从未受到过质疑的人的个人价值和能力”之后，这场运动

1　学生争取民主社会组织：美国新左派激进学生组织，成立于20世纪60年代初期，认为大学是战争和种族主义的帮凶，采用激进方式要求进行大学改革，试图将大学校园改造为革命阵地。

图12　贝蒂·弗里丹在纽约，1970年。

中的许多女性“已经开始尝试将这些经验教训运用到她们与男性的关系中去”。两年后，美国学生争取民主社会组织的女性强调说她们的“兄弟们……认识到他们必须解决自身的大男子主义问题”。一些女性发行了一份名为《妇女解放运动之声》的小报。同时发行的还有自觉被男性战友边缘化了的新左派分子的一份宣言，她们对斯托克利·卡迈克尔[1]那番臭名昭著的言论大为光火：“女人在运动中的位置就是俯卧。”

贝尔·胡克斯在《女权主义理论：从边缘到中心》（1984）一书中，尖锐地批评了整个女权运动，认为那些“受性别压迫最为深重……无力改变自身生活现状”的女性从未得到为自己说话的机会。她坚持认为，当下的女权主义具有种族歧视色彩，造成许多女性幻想破灭，痛苦不堪。参加运动的女性一直无视种族和阶级这两个紧密交织的问题。事实上，强调对女性的普遍“压迫”严重忽视了美国社会内部真正的不平等。胡克斯认为，白人女性表现

1 斯托克利·卡迈克尔（Stokely Carmichael，1941—1998）：原名夸梅·图雷（Kwame Ture），生于特立尼达，11岁随父母移民美国，为黑人运动、美国民权运动和泛非运动活动家。

得好像这场运动是属于她们的似的，她们忽视了这样一个事实：妇女内部也因各种各样的偏见而四分五裂，这些偏见包括“性别歧视、种族歧视、阶级特权”等。胡克斯回忆起自己在女权主义团体中的亲身经历时说：“我发现白人妇女对我和其他非白人成员抱着一种居高临下的态度。”黑人女权主义者不无道理地指出：“白人女权主义者提出的每个问题都对黑人产生着异常严重的冲击。”

在美国，女权主义的表达形式多种多样，从格洛丽亚·斯泰纳姆[1]1970年创办的通俗易懂、印刷精美的《女士》[2]杂志，一直到黑人单身母亲姊妹会，不一而足。凯特·米利特[3]在《性政治》(1970)一书中，着力分析了“作为**政治**制度的父权制”。她强调说，政治指所有“存在权力结构的关系”，两性之间的关系是“统治和被统治的关系”，这种关系在很大程度上尚未得到仔细探究。她认为，女性一方面被偶像化了，同时另一方面又被施以恩惠。为了支持自己的论点，她犀利地分析了不同时期和不

1 格洛丽亚·斯泰纳姆（Gloria Steinem，1934—）：美国女权主义领袖、记者和著名女权主义报人。
2 《女士》：美国女权主义杂志，为20世纪70年代最著名的女权主义刊物。
3 凯特·米利特（Kate Millett，1934—）：美国著名女权主义作家。

同文化中一些作家的父权制态度：弗洛伊德[1]、D. H. 劳伦斯[2]、亨利·米勒[3]、诺曼·梅勒[4]和让·热内[5]。她几乎看不到女性眼下有什么出路。她的结论是："也许我们……能够把性别从严酷的政治现实中剥离出来，但是这要等到我们从现在所居住的沙漠里创造出一个我们能够忍受的世界时才能实现。"其他的政治表述还有美国舒拉密斯·费尔斯通[6]的《性别辩证法》（1970），他认为社会中的基本对立、最深重的压迫不是阶级，而是性别。她希望有一场真正的"女权主义革命"，但是又认为这场革命要求

对性别战争的力量对比作出全面的分析，就像马克思和恩格斯为了经济革命而对阶级对立所作的分析那样。而且还要更加全面，因为我们所应对的是一个更大的问题，所涉及

1 西格蒙德·弗洛伊德（Sigmund Freud，1856—1939）：奥地利精神科及神经科医生、心理学家，为精神分析学派创始人。

2 D. H. 劳伦斯（D. H. Lawrence，1885—1930）：英国小说家和诗人，其作品曾因露骨的性描写而遭查禁。

3 亨利·米勒（Henry Miller，1891—1980）：美国"垮掉派"作家和画家，其作品曾因露骨的性描写而遭查禁。

4 诺曼·梅勒（Norman Mailer，1923—2007）：美国小说家，其作品反应现实，也渲染变态心理和变态情欲。

5 让·热内（Jean Genet，1910—1986）：法国剧作家、小说家和诗人。

6 舒拉密斯·费尔斯通（Shulamith Firestone，1945—2012）：美国女权主义者。

的压迫可以一直追溯到史前的动物王国。

在英格兰，澳大利亚出生的杰曼·格里尔[1]写了既生动又颇具挑衅意味的《女太监》（1970）一书，对“自卑感或天生依赖性”提出了质疑。此前，女性往往顺从地接受这种说法，听任其扭曲损害自己的生活。书中部分章节谈到了中产阶级的爱情和婚姻神话，论及为什么成为“男性幻想对象”事实上阉割了女性以及“煮饭、穿衣、美容和持家”又如何成为令人焦躁的强迫性活动。

女同性恋女权主义

20世纪60年代后期，许多女同性恋者感到自身在妇女运动和正在兴起的男同性恋解放组织中被边缘化了。美国全国妇女组织主席贝蒂·弗里丹曾因把宣传女同性恋问题的妇女形容为“紫色威胁”而引起轩然大波。她的诋毁遭到了一篇名为《认同女人的女人》的简短宣言的愤怒驳斥。1973年，美国著名记者吉尔·约翰斯顿（Jill Johnston）发表了《女同性恋者的国度——女权主义的出路》，其中对异性恋作了妙语

1 杰曼·格里尔（Germaine Greer，1939—）：英国作家、记者和女权主义批评家。

讽刺："开始时你沉浸在他双臂的环抱里，最终你的双臂沉浸在他的洗碗槽里。"

一些女同性恋者坚持认为她们是妇女解放的关键所在，因为她们的存在本身威胁到了男子至上主义的软肋。有时女同性恋被认为是妇女在政治上最正确的选择，甚至是唯一政治正确的选择。丽塔·梅·布朗[1]认为，异性恋和同性恋妇女之间的差别就是"改良和革命之间的差别"。在《没有回头路：20世纪80年代女同性恋和男同性恋解放运动》一书中，男性和女性作者一致批判了认为每个家庭都应该是异性恋家庭的俗见，同时还批判了流传甚广的"男强/女弱角色模式中女性天生低人一等的观念"。

希拉·罗博特姆的《解放与新政治》（1970）和朱丽叶·米切尔的《妇女等级》（1971）都是为了响应英格兰当时正在蓬勃兴起的妇女解放运动。不过米切尔认为，这场运动"从它所获得的认同和共同目标"来看是国际性的，而且大部分都"自称是革命的，只是革命的形式千差万别"。她在书中简述了欧洲（荷兰、瑞典和法国）和美国的妇女运动。她认为，各地妇女都是"最根本的受压迫者，因此可能也最具有革命性"。她接着探讨了4个必须予

1 丽塔·梅·布朗（Rita Mae Brown，1944—）：美国作家，著有描写女同性恋体验的作品。

以变革的生活领域：生产、生育、性和子女社会化。

这些著述源自这场新兴但发展迅猛的妇女运动，同时也受到了它的鼓舞。这场运动波及国家众多，有包括英国在内的欧洲国家，但同时或许至关重要的是还包括美洲国家。民权运动[1]、黑人运动[2]和学生争取民主社会组织中的女性抱怨道，有太多时候她们被当成“打字员、茶水招待员和性对象”。

1968年11月和1969年，大西洋城“美国小姐”选美比赛现场发生了数场抗议活动。女权主义者给一只绵羊戴上后冠，嘲弄选美比赛，使这场新兴的妇女运动备受瞩目。抗议者认为，选美比赛象征着女性总体遭到客体化、矮化，对她们的评判标准首要是相貌。一位女权主义者厌烦地评论道：“女人生命中的每一天都是一场活生生的‘世界小姐’选美比赛。”

在伦敦，1969年以来妇女们一直在举行小规模集会：有些妇女抗议越南战争，帮助开小差的美国士兵；其他妇

1　民权运动：20世纪50至60年代非洲裔美国人要求平等权利的运动，其主要领袖为马丁·路德·金（Martin Luther King, Jr.，1929—1968）。

2　黑人运动：又名黑人权力运动，20世纪60年代中期非洲裔美国人要求平等权利的运动。

女则来自传统的左翼团体、学生运动或激进的实验性反大学[1]。哈克尼[2]妇女开始制作一份名为《悍妇》的小报，后来的几期由伦敦的其他团体出版。1971年底，《悍妇》接纳了56家团体——还有1家男性团体。1970年2月，原本定于在牛津召开一次大会，但有大批妇女儿童（以及少数男性）到会，会场只好从鲁斯金学院[3]换到了牛津辩论会[4]。最重要的是，这些集会为女性提供了发言的机会：抒发心中的孤独寂寞，谈论工作中的平等权利、子女抚养、家务劳动、男性、革命等。这场不断壮大的运动——或许有些过于乐观地——明确了自己的诉求：同工同酬、教育平等、机会均等、24小时托儿所、自由避孕以及自主堕胎。妇女们在伦敦组织了一场声势浩大的游行，她们打着横幅，上书："我们不漂亮，我们不难看，我们很愤怒。"

这场运动依旧主要是一场中产阶级运动，虽然她们多次尝试联合工人阶级妇女：女权主义者曾经支持了夜间清

1 实验性反大学：新左派认为传统大学教育不能满足其需要而在两年制社区大学中进行的试点改革。

2 哈克尼：英国伦敦东区一自治市镇。

3 鲁斯金学院：牛津大学下属独立学院。

4 牛津辩论会：牛津大学1823年成立的会员制辩论社团，经常邀请名人政要进行辩论。

图13　所有女人都美丽：反对“美国小姐”选美比赛的示威活动，大西洋城，1969年。

洁工要求提高薪酬、改善工作条件的活动，支持了达格纳姆福特汽车厂女技师举行的一次罢工。

也许这场新运动最显著的特色在于其组织方式：妇女集会以小团体的形式进行，有些是地区性团体，其他的——后来——则抑或讨论特定的问题，抑或为了特定的事业而奋斗。但是大部分团体都参与某种形式的“提高觉悟”活动。这个字眼是美国妇女凯茜·萨拉蔡尔德[1]杜撰的：妇女们定期集会，从亲身经历出发进行交流。这不是闲话家长里短；团体意在探究妇女有哪些共同点，又有哪些不同点。其宗旨是开始在更广阔的背景下理解个人的恐惧和不满，并通过“分享、认识、述说”来发现这些恐惧和不满中所蕴含的政治意义。正如朱丽叶·米切尔所说的那样：“妇女们怀着各自生活中难以名状的挫败感加入到这场运动中来，发现自以为是个人困境的东西其实是一个社会困境。”

身体问题

女权主义第二浪潮最迫切关注的问题之一便是女性对自

1 凯茜·萨拉蔡尔德（Kathie Sarachild，1943—）：美国激进女权主义者。

己身体的权利。西方女权主义者经常探讨与美貌和加诸女性外貌之上的价值相关的问题——这乍看起来可能很肤浅，但细细想来并非如此。我们周围充斥着撩人心弦、光彩照人的媒体形象，部分由于这个原因，某些女性急切地想通过追求最新时尚来寻求逃避，而其代价之高往往令人不堪忍受。另一些女性则可能会诉诸更加不顾一切、更具自我摧残色彩的举措：抑或节食节到了患厌食症的程度（其间可能还会伴有强迫性进食症和贪食症），抑或迫不及待地寻求自残，亦即整容手术。

苏茜·奥巴赫[1]的《肥胖是女权主义问题》（1978）和娜奥米·沃尔夫[2]的《美貌神话》（1990）均探讨了困扰着许多当代女性的生理上自我厌恶和对年龄增长的恐惧——她们为此感到困扰是可以理解的。即使是在富裕的西方，妇女也不得不为了得到更好的医疗保健权利而作艰苦斗争：为了在分娩方面得到充分的妇科指导和护理；为了获得节育及必要时实施流产的权利；为了提高人们对乳腺癌、子宫癌等妇科癌症的关注力度。

米切尔表示，提高觉悟是“言所未言：事实上，和‘一起闲聊’正好相反”。不能应付自己生活中所遭遇的特定压迫形式的妇女，“开口谈论折磨着其他妇女的压迫形

1　苏茜·奥巴赫（Susie Orbach，1946—）：英国学者、心理治疗师和女权主义者。

2　娜奥米·沃尔夫（Naomi Wolf，1962—）：美国所谓的第三代女权主义作家。

式时，就会遭到别人的极度不信任……如果我们不能面对我们自己的问题，那就无权声称能解决别人的问题”。男人是不可以参加的，主要不是出于敌意，而是由于意识到女性至少在公共场合，“在思想上和/或在调情中”，有听从男性的习惯。

提高觉悟从来都不是仅仅意在——像诋毁者有时声称的那样——进行什么“集体治疗”。在会上，妇女们轮流发言，讲述自己的问题和不满。这并不是要简单地发泄一下个人怨气，而是希望进一步认识到这些问题和不满可能并不仅仅是她们个人的情况。通过这种方式，她们会发现**作为女人**她们有哪些共同之处，且不论她们在阶级、种族或个人经历上有着什么不同。（她们大多——虽非全部——都是比较年轻的女性，因此很少涉及年龄差异。）

正如一位美国女权主义者所说：“提高觉悟是对我们能够信赖的信息加以政治分析的一种方式。这种信息就是我们的经历。”另一位美国人舒拉密斯·费尔斯通认为：“如果觉悟事先没有得到必要的提高，无法充分地利用特定的自由，那么去宣传争取这些自由便毫无价值。”其他妇女对此倒没这么肯定。有些妇女抱怨说，提高觉悟特别适合中上阶层受过良好教育的女性，而且她们伶牙俐齿，精于此道，在组织中能够获得主导地位。事实上，当时大多数妇女都没有多少群体动力学[1]方面的知识。由于内部情绪有时变幻莫测，甚至会突然爆发，因此组织内一两个成员可能很容易会觉得自己受到了不公正的批评，当了替罪羊，甚至是受到了排挤。一些集会的结果出人意料，不仅毫无裨益，反而徒增烦恼。姐妹团结可能力量很大，但有时人们忘记了姐妹之间的关系有时也很令人头疼，难免会有分歧和不和。在英格兰，早年的一次会议最终不欢而散，竟然是因为——现在听起来似乎不太可能——女同性恋女权主义者和毛派女权主义[2]者之间的一场激烈争吵。还有一次周末会议在居住着一大群煤矿工人的宿舍楼里举行，一些与会妇女显然对如何应付工人阶级男性以及如何回应他们的粗野玩笑毫无头绪，开始大叫“姐妹们遭到了矿工的欺负”。

但是（真正的）男性暴力的确是一个迫切需要提出的

1 群体动力学：研究群体中成员之间相互作用的学问。

2 毛派女权主义：激进女权主义的一个分支，认为男权是女性受压迫的根源，主张采取激进手段进行反抗。

图14　妇女解放团体在伦敦游行，1971年。

问题。一些女权主义者，尤其是美国女权主义者，由于推动《平等权利修正案》而未获通过，要求福利和堕胎权又遭到威胁，失望之余便抓住男性暴力这个问题不放，认为这是女性二等公民地位和脆弱无助的象征。1975年，美国妇女苏珊·布朗米勒[1]出版了论述强奸的长篇专著《违背我们的意愿》，具有划时代的意义。本书解构了数百年来男性"强奸英雄这个神话"，提出了一个很快被其他女权主义者接纳的口号："色情作品是理论，强奸是其实践。"（苏珊·格里芬［Susan Griffin］便是这样一位女权主义者。针对人们普遍轻描淡写地为色情作品开脱，声称色情作品对男女来说都是一种"解放"，格里芬进行了有力的声讨。在《色情与沉默》（1981）一书中，她认为色情作品根本不像其辩护者所声称的那样是在解放性能量，它所表达的其实是"对人体知识的恐惧和压抑情欲的欲望"。）布朗米勒继而指出，强奸恰恰正是**所有**男人刻意用来恐吓**所有**女人的做法。她谈论女性时并不感情用事。她后来的著作《女子气质》颠覆性地巧妙解构了女孩们几乎从摇篮

1 苏珊·布朗米勒（Susan Brownmiller，1935—）：美国激进女权主义者，其观点有很强的先锋性。

时代起就在学习的把戏：勾引男人、与其他女人争宠的花招和技巧。正如我们所知，女子气质是浪漫的胡编乱造，是经过精心谋划刻意保持下来的东西。它是“强加限制这个怀旧传统”的产物。但是在《违背我们的意愿》中，她辛辣而有力地嘲讽了经常利用一些粗俗的陈词滥调对伤害女性的暴力犯罪一笑置之的做法：“哪有女人会在违背其意愿的情况下被强奸”；“是她自己要求的”；“要被强奸时，还不如放松下来好好享受一下”。布朗米勒有力地引用了德高望重的约翰·厄普代克（John Updike）的小说《兔子归来》中一个（女性）人物的话，书中人物不以为然地说：“你知道强奸通常是怎么回事吗？就是女人事后改变了主意。”

不幸的是，从法律上强调强奸的确是一种严重暴力犯罪的这种迫切需要，被一些后来的女权主义者曲解了。对另一位美国妇女凯瑟琳·麦金农（Catherine McKinnon）来说，女人，事实上几乎就其定义而言，始终都是受害者。她坚称：“随时会被强奸在女性一生中是家常便饭。”

你成人时，你父亲按住你，捂住你的嘴，这样另一个男人就能在你两腿之间制造出可怕的剧痛。年纪再大些时，你丈夫将你绑在床上，将滚烫的蜡油滴在你的乳头上，找来别的男人观看，还让你吮吸他的阴茎……在这千年的沉默之后，照相机被发明出来，于是当这一切发生时你便被拍进了照片里……

她的朋友安德烈娅·德沃金[1]认为“色情就是女人的法律”，而且不讲任何条件就直截了当地把强奸和性交画上了等号。事实上，麦金农也持这种看法，她在《只有语言》（1995）一书的开篇就提出了一个她眼中女性经验的可怕范式：最初的父辈强奸将我们冻结在永远的恐惧状态之中。她不断地塑造一个因曾受到侵害而永远长不大的孩子的形象。她认为，这个孩子形象存在于大部分女人身上，即使是那些宣称享受两情相悦下性爱的女人也不例外：“侵犯者勃起；受害者尖叫，挣扎，流血，冒着血泡，变回5岁。”这是女权主义旗号下的传奇剧。

1 安德烈娅·德沃金（Andrea Dworkin，1946—2005）：美国激进女权主义者，以抨击色情产业而著称。

图15　正如这个标语所示，美国的早期女权运动和英国一样，很快便学会了如何将观点表达得引人注目，诙谐风趣。（标语文字：终结人类牺牲！不要结婚！洗尿布不是成就。）

第十章

世界各国的女权主义者

“姐妹团结力量大”曾经是20世纪六七十年代最流行的女权主义口号之一。但是无论是在当时还是后来，这句话都遭到了人们的质疑，有时候还备受争议。正如美国黑人诗人奥德里·洛德（Audre Lorde）1983年所说的那样，这句口号掩饰了

种族、性别、阶级和年龄的差异……一味宣扬容忍女性之间差异的做法是最蹩脚的改良主义。它完全否认了我们生活中差异所具有的创新功能。

1995年，她的忧虑引起了澳大利亚华裔洪美恩（Ien Ang）的共鸣。洪美恩认为女权主义者之间有时难免会出现沟通失败，这

应该被当作一种更为朴素的女权主义的起点，这种女权主义正是由姐妹团结这种观点本身的根本**局限性**所决定的……我们不应急于打着理想化的团结一致这个名义去破除“沟通障碍”，而应承认并面对这种障碍的顽固性，这样做会大有裨益。

两位作者都认为，白人中产阶级妇女似乎常常是在强行推广一种专注于性别歧视的女权主义，往往会忽视一些使性别观念复杂化的因素，例如阶级差别和种族歧视。巴西妇女认为，女权主义是“以欧洲为中心的”，没有只言片语谈到她们该如何应对本地的紧迫问题：种族暴力、健康问题以及黑人妇女求职时所可能遭遇的种种困难。事实上，一些拉丁美洲妇女居然抵制“女权主义”这个字眼。

同时，有越来越多的人意识到，相对于西方女权主义者与性别歧视、社会及政治不平等进行抗争，“第三世界”妇女还不得不面对更多、甚至更棘手的问题。她们经常不得不与根深蒂固的本地信仰和风俗习惯这种形式的性别歧视作斗争，不得不应对各种阶级、种姓、宗教以及民族偏见。在一些国家，她们与这些问题的斗争与建立民主政府和争取最基本自由的斗争交织在一起，有时还因此变得更加错综复杂。

但是在拉丁美洲、非洲、亚洲部分地区和中东地区，妇女们的生活还受到了殖民主义和新殖民主义的深刻影响。“第一世界”国家——最初是17世纪的英国及其他欧洲国家，19世纪以来美国步其后尘——把世界广大地区纳入自己的直接掌控之下，在政治和经济上奴役当地人民。到了21世纪初，美国凭借其军事、经济和文化实力，在世界很多地方推行“话语殖民”。

“第三世界”这种说法在当代女权主义和后殖民研究中被广泛使用，但是它也存在很多问题。例如，钱德拉·塔尔佩德·莫汉蒂[1]从地域上定义它：“拉丁美洲的民族国家、加勒比海地区、撒哈拉沙漠以南的非洲地区、南亚及东南亚、中国、南非和大洋洲。”她还将黑人、亚洲人、拉丁美洲人和生活在“西方”的原住民纳入其中。然而，这种说法有时被看成是贬义的称呼。西方人使用这个字眼时，言下之意是“欠发达”或“不民主”。有时说“第

1 钱德拉·塔尔佩德·莫汉蒂（Chandra Talpade Mohanty，1955—）：美国印度裔后殖民和跨国女权主义理论家。

三世界妇女”，实际上是对“有色人种妇女”的“委婉”称呼，暗含着一个和西方女权主义“标准”相对的本地“他者”，因此有时人们觉得目前说“后殖民女权主义”更为“正确”。但是，两种说法无不清楚地提醒西方人我们对这些妇女的生活现状有多么孤陋寡闻：她们可能深陷根深蒂固的本地信仰以及源于阶级差别、种姓、宗教、民族等因素的风俗习惯的重围，同时还遭受着殖民主义遗毒的毒害。

以拉丁美洲为例，西班牙和葡萄牙的占领——以及奴役——留下了十分严重的民族和阶级不平等问题。当地女权主义者也许不得不与天主教会顽固的父权制作斗争，此外还要直面被称为“大男子气概”的当地特有的男性性别歧视。（同样具有破坏作用的女性对应词“女子本分”——即女性对男性主导地位的绝对服从——可能进一步困扰她们的生活。）

尽管如此，女权主义在一些拉丁美洲国家还是有着悠久辉煌的历史。以墨西哥为例，女权主义“第一浪潮”诞生于反抗波菲里奥·迪亚斯（Porfirio Diaz）总统人所共愤的独裁统治的革命中，这场艰苦的斗争从1910年一直持续到1918年。妇女们积极参加了这场斗争。**女兵们**建立营地，寻找食物，烧火做饭，照看伤员，但是也有女战士拿起武器奋勇作战。一些妇女穿着裙子、戴着自己最好的珠宝首饰，跟随男人参加战斗。其他妇女则被指责“无论内在还是外表”都变得男性化了，不过人们也承认一个女人能够“在战斗中用手中的武器证明她不再是**女兵**，而是一名战士”。

女知识分子们也支持革命。其中最有影响的是埃米拉·加林多·德托佩特（Hermila Galindo de Topete），她创办了《现代妇女》杂志并担任主编，为学校性教育、妇女选举权及离婚权而斗争。她认为，天主教会是墨西哥女权主义前进的主要障碍。明知无望当选，但是为了宣传妇女想要得到并且需要选举权，她成为第一个参选众议院议员的女性。经过漫长的选举权斗争，墨西哥妇女于1927年获得了平等公民权。然而，直到1952年她们才最终获得选举权。20世纪70年代，和其他许多国家一样，墨西哥也兴起了妇女解放运动，其成员所关注的中心问题有：合法堕胎的需要、对强奸犯施以更为严厉的刑罚以及援助受虐妇女。她们还就包括性在内的诸多问题开展了坦诚而蕴含着极大争议性的讨论，质疑阴道性高潮“暴政”。

在1898年被美国入侵并占领的波多黎各，妇女运动在数十年间致力于提高教育水平，将其作为通往其他改革的第一步。1936年，普选权终于得以实现。大部分拉丁美洲国家于20世纪50年代给予妇女选举权。这是非常重要的一步，但是（正如西方妇女之前已经意识到的那样），它并没有立竿见影地转化为妇女地位和处境的显著变化。拉丁美洲人在20世纪七八十年代仍然有大量的问题亟待解决。妇女运动要求给予女性全面、平等的法律和政治权利，不过她们也同样关注广泛存在的妇女文盲问题，尤其关注千百万棚户区和贫民窟妇女的悲惨境遇。许多农村妇女迁移到城市，成为“亚无产阶级”的一部分，有的做着收入低下的用人（女仆、洗衣工、厨子）这样的临时工作，有的靠做街头小贩艰难度日。但是住在棚户区的妇女往往会组织起来，改善她们眼前的处境：建立居民协会、公共厨房以及消费者组织和人权团体。贫困、恶劣的医疗条件和拙劣的堕胎手术使孕产妇死亡率居高不下。（据估计，在玻利维亚，每10万例分娩就有390名产妇死亡；在秘鲁，这个数字是265。）一些拉美国家禁止堕胎，哪怕是出于挽救孕妇生命的需要也不例外。但是，秘鲁虽然是一个专制政府，却设立了妇女部[1]，还为妇女专设了公设辩护律师，通过了制裁家庭暴力的法律。

以圣保罗为例，从20世纪70年代开始，妇女对健康问题有了新的关注。妇女们学习如何给水消毒、如何判断及预防儿童常见疾病。她们可以得到避孕咨询；她们成立妇女组织，互相帮助，开展社区内合作计划；她们为改善住房条件而奔走呐喊。20世纪80年代，在巴西东北部塞尔唐这个半干旱的贫困内陆地区，妇女们发起了农村女工运动。她们是农业工人，却只能领取男人一半的报酬，她们为被纳入抗旱项目而斗争。她们还设法筹集资金，参加了1995年在北京举行的联合国妇女大会。

1988年巴西宪法从条文上看十分不错，其中保障男女同工同酬，给予妇女宽松的产假，设定了最低工资。但是——由于大部分妇女对于如何获得自身的权利知之甚少——一个名为“忒弥斯”[2]的组织应运而生，来教育广

1　此处“专制政府”指藤森政府。藤森政府于1996年颁布国家法令，宣布成立秘鲁促进妇女和人类发展部，简称妇女部。

2　忒弥斯：希腊神话中司掌司法和正义的女神。

大妇女。她们接着与一个女警察局合作创办了一个试点项目，只处理强奸和暴力案件。很快，其他类似中心也纷纷成立。同时，1975年以来，全国街头儿童运动以及“永生”这样的妇女组织也一直在努力帮助千百万生活在水深火热之中的儿童，为他们提供医疗、教育和法律援助。这些儿童很容易遭受性侵害，往往还会受到警察的虐待。此外，巴西黑人妇女在对自身压迫尤为深重的问题上变得更加直言不讳——这些问题包括各种各样的种族暴力、公共医疗政策以及就业市场歧视。

1975年，联合国在墨西哥城召开了国际妇女年大会，全球女权主义者齐聚一堂。1981年以来，来自拉丁美洲及加勒比海地区各地的妇女每3年聚会一次，旨在“加强团结、谋划创新性的政治实践以及进一步发展挑战性别压迫和性压迫的话语”。会议每次都在不同的国家召开：哥伦比亚、秘鲁、巴西、墨西哥、阿根廷、萨尔瓦多和智利。一些妇女感到，左派倾向于把女权主义斥为资产阶级的东西和帝国主义的舶来品；而右派和教会则将其视为对基督教家庭价值观的威胁而极力抵制。会上辩论常常十分激烈。和其他拉丁美洲女权主义者一样，与会者都很关注平等权利和经济再分配问题。但是，她们也讨论一些她们觉得一般不为人所注意的争议性问题：家庭暴力、性骚扰以及婚内强奸。事实上，有些拉丁美洲女权主义者认为，她们最重要的成就在于促使国家通过了制裁针对妇女的暴力犯罪的法律。例如在巴西，妇女团体向政府施压要求资助妇女辩护委员会，该委员会说服最高法院推翻了男性陪审团对一名杀妻男子的无罪判决，其理由是："在此类犯罪中，受到维护的不是荣誉，而是自我奉承、狂妄自负和男人把妻子当成私有财产的傲慢自大。"

多年来，会议组织者大力吸纳基层团体和尽可能多的妇女（条件是：任何妇女，只要她自认为是女权主义者，那么她**就是**女权主义者）。在20世纪90年代初期，她们建立了海外联系。在1995年北京世界妇女大会召开前，整个拉丁美洲的女权主义者都积极致力于将妇女组织起来进行辩论和讨论。和其他国家的女权主义者一样，拉丁美洲的组织者们也不得不解决接纳谁和排斥谁的问题，不得不承认阶级、种族和性取向的不平等是任何女权主义分析的中心内容——也使这种分析变得错综复杂。来自16个拉丁美洲及加勒比海地区国家的黑人妇女齐聚一堂，为北京世界妇女大会起草了一份文件。

20世纪末，年轻一代的妇女越来越多地被吸引到这场运动中来，而且常常对她们的前辈提出批评，这或许是自然的。她们中有些人曾经是学生活动家，另一些则参加过高校的女权主义项目。她们抨击先前那种标新立异地承认、甚至歌颂“多样性”的观点。她们认为，那只是一种粗略的多元论，往往意味着接受不平等，不允许真正“对他人及其经验予以认可或使之合法化”。

然而，国际会议既能彰显相互联系，也能凸现分歧和怨恨。在1980年召开的一次国际会议上，一些妇女抱怨说讨论佩戴面纱和女性割礼时从来没有征求过那些最相关妇女的意见。在1994年在开罗举行的另一次关于人口与发展的会议上，第三世界妇女抱怨会议日程被只对避孕和堕胎感兴趣的欧美妇女把持着。而且，当欧美妇女真正论及“第三世界”议题时，她们言谈间也流露出一种居高临下的态度和种族主义情绪。即使是在1995年的北京大会上，也有人抱怨说西方人喋喋不休地谈论生育权和性取向问题，令欠发达国家妇女所迫切关注的问题遭到了忽视。正如一位妇女所说，把西方女权主义应用到诸如南美妇女所

图16　反对女性割礼的招贴画，苏丹。

关注的问题上去，“不啻用治头痛的药来治严重的胃痛”。

非洲

非洲问题特别复杂。阿米娜·马马[1]认为：“非洲妇女始终明确自己的斗争，把斗争不断进行下去……［这］可以追溯到我们集体久远的过去。”不同的妇女所遭受的压迫也不同：女权主义必须承认“种族、阶级和文化上的差异”。非洲女权主义是异性恋的，是鼓励生育的，其所关注的是“面包、黄油和权力”的问题。女性割礼是阻止女性发生不正当性行为的一种方式，目前依然存在于一些非洲国家。它并非穆斯林所固有的习俗，却已经成为某些原教旨主义者压迫女性的一种姿态。

2000年，30岁的尼日利亚穆斯林妇女阿米娜·拉瓦尔（Amina Lawal）非婚生子，被一个伊斯兰教教法法庭判处石刑[2]——很显然，她是被强奸的。这个案件得到了世界媒体的广泛报道，因为具有讽刺意味的是，当时“世界小姐”选美比赛即将在尼日利亚举行。许多参赛选手都提出了抗议：一些选手索性拒绝参加比赛；另一些选手则声称她们至少要公开谴责这项判决。一位时尚作家评论说，先知穆罕默德也很可能会从参赛选手中选一个出来做他的妻子，这番话引发了骚乱。伊斯兰激进组织将选美比赛形容为“裸体游行”，称其

1　阿米娜·马马（Amina Mama，1958—）：尼日利亚学者和女权主义作家。
2　石刑：伊斯兰教教法对通奸罪的处决方式，为把男性腰部以下、女性胸部以下埋入沙土中，行刑者朝其反复投掷石块。

会助长淫乱之风，导致艾滋病蔓延。但是许多当地妇女勇敢地走上街头，举行示威游行，表达自己的义愤。

跨文化误解是一个顽疾。1915年，英国女权运动者格雷丝·埃利森（Grace Ellison）造访了土耳其，写下了一本名叫《土耳其哈来姆中的英国女人》的书。她在书中描述了改革如何影响着妇女的生活，如何连男人也似乎青睐某种程度的女性解放，显示自己真正理解了这一切。她对于当时关于穿着传统服饰的辩论也表现出了浓厚的兴趣。但是和她那个时代以来的许多女权主义理论家一样，她倾向于将传统习俗和面纱浪漫化，对越来越多的妇女穿西式服装——至少在家里如此——深感遗憾。但是当埃利森的土耳其朋友——一位名叫泽格雷布·哈穆（Zegreb Hamun）的妇女——到英国拜访她时，情况就刚好戏剧性地颠倒了过来，轮到她受到误解了。哈穆也出版了一本自己和埃利森的书信集，取名《土耳其女人之欧洲印象》。她不屑地认为伦敦的一家女士俱乐部冷漠乏味，缺乏哈来姆的“神秘和魅力”。但是参观了议会大厦后，她批评的调门儿陡然高了起来：

> 但是我亲爱的，为什么你从来没有告诉过我女士旁听席[1]是一个哈来姆？一个有着格子窗的哈来姆！政府的哈来姆！……你们把自己的女人派到世界各地，不给她们任何保护，反而在这个你们制定法律的作坊里，给她们罩上保护的标志！

近代西方学术界一些女权主义者无休止地从理论上大谈面纱和哈来姆，这并没有什么实际意义。她们似乎是在解构，从而美化并沉湎于自己奇特的“东方化”幻想版本中。在一些穆斯林社会，佩戴面纱的确曾经是——而且现在依然是——一个偶尔会触发争议的重要话题。1923年，一位著名埃及政治家的妻子胡都·沙拉维（Hudu Sha’rawi）从海外旅行归来，曾在大庭广众之下摘下面纱，虽然她还包着头巾，但在当时仍然引起一片哗然。不过比这件事重要得多的是，她此后组建了多个妇女团体，为获得更好的教育、选举权与竞选公职的权利以及实现有关家庭问题的改革而斗争。和之后无论是埃及还是其他伊

1　女士旁听席：1945年之前英国议会辩论时为供女士列席而单独划分出的座位区，在演讲者对面。

图17 妇女们抗议对尼日利亚妇女阿米娜·拉瓦尔的死刑判决，2003年。

斯兰国家的妇女一样，她一直试图创立一种具有伊斯兰特色的女权主义。

5年后，一位名叫纳克希拉·扎因·阿斯丁（Naxira Zain as Din）的黎巴嫩妇女出版了一本书，认为“面纱是对男人和女人的一种侮辱”，而且还认为诉诸伊斯兰教教义并不能证明压迫妇女的正当性。（宗教学者们煽动了示威活动来抵制这本书。）另一方面，许多妇女认为面纱有时具有解放性：面纱使她们可以去进行观察，而不是成为观察的对象，这不仅将她们从怪里怪气的时尚中解放出来，而且还有助于她们避免性骚扰。当然，不可能将所有的伊斯兰国家混为一谈。而且，在大部分伊斯兰国家（当代埃及是一个很好的例子），不仅阶级之间存在着十分明显的巨大差异，居住在乡下与居住在开罗和亚历山大这样的大城市里的妇女之间亦不例外。许多穆斯林妇女，尤其是大城市妇女，都乐于摘下面纱。而另一方面，以一些土耳其妇女为例，她们认为事实上正是面纱才使她们得以进入公共生活，给了她们自由，可以自信地从事教师、医生这类职业。西方穆斯林社区有时也会出现一些争论。在法国，女学生在被禁止戴头巾时进行了强烈的抗议。在英

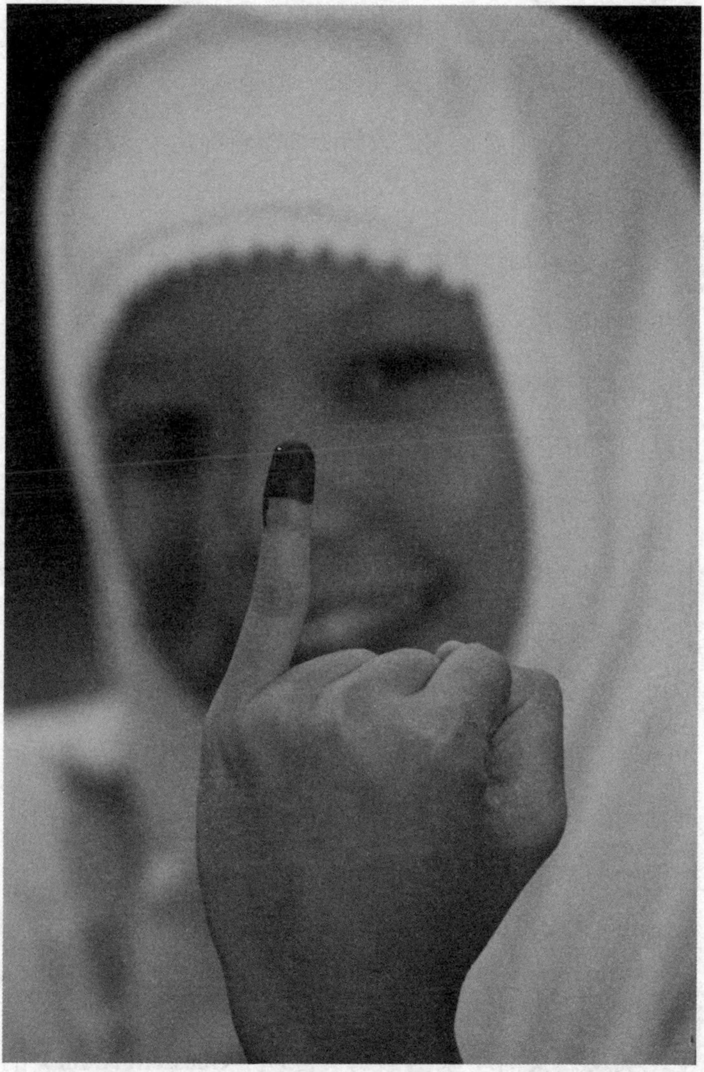

图18　一名苏丹穆斯林女孩展示她染有墨迹的手指，证明她已经投过了票。苏丹妇女于1964年获得选举权。

国，一名穆斯林女学生因为不仅坚持要戴头巾、穿宽松长裤还要穿拖地长袍而上了报纸。但是这似乎只是个别现象；任何一个清晨，在伦敦街头都能看到几个这样装束的女孩去上学。

在穆斯林神权国家，问题更加尖锐。沙特阿拉伯是一个极端的例子：妇女被强制佩戴厚重的面纱，在没有男性亲属陪同时甚至都无法上街走路，旅行和工作都需要征得男性的许可。另一方面，伊朗妇女却有着独立从事政治活动的悠久历史。即使是在19世纪，也有一些妇女奋笔疾书，为她们笔下许多伊朗妇女的可怜处境而呐喊。当时一位女作家发行了一本小册子，名为《男人的缺点》。20世纪初，妇女和男人一样要求拥有宪法权利和性别权利。1906年，到英国大使馆寻求避难的罢工者中也有女性。但是她们的积极行动并未受到理睬。1906年颁布的新宪法规定她们不得从政，而且明确“妇女所受的教育和培训应限制在抚养子女、家政和保持家族荣誉的范围之内”。但是，女校纷纷成立，妇女协会如雨后春笋般兴起。1911年，埃及妇女活动家卡西姆·阿明（Ghassem Amin）的《妇女解放》一书被翻译成波斯语——遭到了宗教当局的猛烈抨击。1931年，妇女获得了在某些情况下可以提出离婚的权利。在此后的10年间，一个同时面向男童和女童的国家教育体系建立起来。1936年，第一批女大学生进入德黑兰大学。1978年，妇女占到了劳动力的33%。1962年，妇女终于争取到了选举权和角逐公职的权利。在科威特，妇女最终于2005年获得了选举权和角逐公职的权利。

伊朗妇女在1978年的伊斯兰革命中表现活跃，组建了形形色色的妇女组织。但是此后，官方对妇女的态度变得强硬起来。1979年，阿亚图拉·霍梅尼[1]坚持要求为政府工作的伊朗妇女佩戴面纱，同时解雇了女性法官，废除了一部家庭保护法，实际上等于剥夺了妇女的离婚权，禁止避孕和堕胎。妇女如拒绝遵守严格的着装规范，会被处以鞭刑和罚金。已婚妇女必须征得丈夫的同意后才能从事工作。数部监护权法律获得通过，否认母亲对子女享有权利。但是，即便是在这段黑暗的岁月里，妇女所受的教育和男性并无多大差别。妇女依然可以投票、当选议员、担任政治职位以及外出工作。1998年，伊朗大学生中有52%

1　阿亚图拉·霍梅尼（Ayatollah Khomeini，1900—1989）：伊朗已故最高宗教领袖。

为女性。

同时，许多妇女发现伊斯兰革命后自己的生活变得更加艰难了。妇女更难提出离婚或得到子女的监护权；女孩结婚的最低年龄先是降到了13岁，后来又进一步降到了10岁。妇女必须征得父亲或丈夫的书面许可才能获得护照。佩戴面纱成了强制性的，不过仍有一些妇女对面纱持欢迎态度，将其视为摈弃世俗化西方生活方式的象征。

一些世俗女权主义者离开了自己的国家，一些则在1979年国际妇女节当天举行示威抗议新法令，还有一些坚决抵制强加给她们的严格的着装规范。不满之声此起彼伏，影响甚广，因为其传播渠道往往都是非正式的：复印的传单和小册子、墙报、街头辩论以及妇女杂志。虽然女权主义被迫转入地下，但是到了20世纪90年代中期，中上层妇女至少再次在政治上变得越来越果敢自信了。

近年来，女权活动家对一些社会现实进行了猛烈批评：妇女如要离婚，仍然异常艰难；儿子年满2岁、女儿年满7岁之后，父亲享有法定监护权。而且在伊朗，石刑依然是一种合法的刑罚。妇女们认为，这种刑罚所惩罚的对象往往都是女性，而非男性。2000年，一名妇女被控通

图19　雅加达女权团体的抗议活动，2000年11月。（标语文字：对一夫多妻制说不）

奸并伙同情夫谋杀丈夫，被判石刑处决。还有一个妇女被控出演色情电影和发生婚外性关系，在德黑兰的一座监狱里被执行石刑。有报道称，女犯人经常遭到强奸，甚至身受酷刑折磨。

一些女权主义者认为，在伊朗这个神权国家，当前两性关系事实上完全是“非伊斯兰教的”。她们认为，伊斯兰教传统上尊重女性，赋予她们尊严。许多穆斯林妇女坚信《古兰经》不仅始终承认妇女的个人尊严，还赋予她们重要的经济权利。只是后来《古兰经》往往被人故意曲解，从而对男性有利。沙里亚，即安拉用来规范人类行为的律法，本质上对妇女也没有敌意。一些穆斯林女权主义者还搬出先知之妻赫蒂彻[1]作为例证。据传说，赫蒂彻比丈夫年长，是一个独立而精明强干的人物，她先是雇用先知作为自己的贸易代表，然后又执意要跟他成婚。

其他女权主义者则主张政教分离。但是，该地区的许多妇女团体不是像大多数西方女权主义者那样去诉诸人权，而是努力去开创一种具有伊斯兰特色的女权主义。她们认为，这种女权主义植根于当地一向尊重女性的文化和传统。她们面临的阻力相当大，或许还在不断增大，但她们始终立场坚定。

俄罗斯和东欧的妇女对西方女权主义往往不屑一顾，自然坚持认为她们自己的妇女运动史和西方没有多少或者全然没有关系。以俄罗斯为例，妇女有着悠久而独特的运

1　赫蒂彻（Khadija，约555—619）：原为贵族富孀，40岁时嫁与伊斯兰教先知穆罕默德为妻，比先知年长15岁，被称为“信士之母”。

动史。在19世纪70年代，一个由自称为“柴可夫斯基派”[1]的社会主义学生和工人组成的团体接纳了许多女性成员，他们认为只有资本主义剥削终结之时，妇女才能最终摆脱家务劳动和工厂工作的“双重压迫”。一些妇女加入了一个反抗沙皇压迫的恐怖组织——“民意党”[2]，并在其中表现活跃。许多妇女因积极参与1875年莫斯科的一系列罢工而遭逮捕，对她们的审判引起了媒体的极大关注。一位记者略带感伤地写道：

满脸错愕的公众看着那些年轻妇女容光焕发的脸庞，她们面带孩子般的甜蜜微笑走上不归路，前面看不到任何希望……人们自言自语道：“我们又回到了早期基督徒的时代。”[3]

---

1 柴可夫斯基派：原为激进学生团体，1871年俄国早期民粹派领袖尼古拉·瓦西里耶维奇·柴可夫斯基（Nikolay Vasilyevich Tchaikowsky，1850—1926）成为其领导人后称为“柴可夫斯基派”。柴可夫斯基派常年在西欧从事政治活动，十月革命后从事反苏活动。

2 民意党：俄国19世纪革命组织，成立于1879年，主张对国家政权实行政治斗争和以恐怖手段进行改革及颠覆活动。

3 早期基督徒：早期基督徒为坚持信仰经常遭受迫害而殉道。

1905年革命后，许多妇女参加了争取杜马[1]选举投票权的斗争。不过历史学家认为，这场妇女群众运动不久便分成了两派：一派主要关注阶级斗争；另一派，亦即所谓的“资产阶级”女权主义者，则对“性别压迫”更感兴趣。1907年，劳动妇女互助协会成立（男性也可加入），努力将影响深入到工人阶级妇女中去，鼓励她们加入工会和社会民主党。

1907年，在斯图加特召开的一次国际社会主义妇女大会上，克拉拉·蔡特金[2]提出一项决议，敦促社会主义者为争取普选权而斗争，她将其视为向结束阶级斗争迈出的一步。她说，对于劳动妇女来说，选举权是

战斗的武器，为了使人类摆脱剥削和阶级统治，她们必须进行战斗。它使妇女能够更多地参与到无产阶级夺取政权、推翻资本主义秩序、建立社会主义秩序的斗争中去，唯

1 杜马：全称“国家杜马”，俄国经选举产生的立法机构，成立于1905年，至1917年二月革命时为止共存在4届。1993年，俄罗斯建立新的联邦议会，恢复“国家杜马”的称呼，议会上院称“联邦委员会”，下院即“国家杜马”。

2 克拉拉·蔡特金（Clara Zetkin，1857—1933）：德国社会主义政治家和女权运动领袖，被誉为“国际妇女运动之母”。

此才能大刀阔斧地解决妇女问题。

活动家们组织会议，积极鼓励工人阶级妇女参与会议和行动。1911年3月19日，第一个国际妇女节庆祝活动在德国举行，成千上万的妇女参加了集会和游行。1913年，俄国也庆祝了这一节日。

有人称是1917年在圣彼得堡的妇女节示威活动——示威者要求“面包与和平”——引发了十月革命。但是一些俄国女权主义者认为，这场布尔什维克革命对妇女并没有多少直接的帮助；有很多男人及一部分妇女坚称妇女的利益和男人的利益完全一致，二者不能割裂开来。革命后，妇女获得了更好的教育机会，并且被要求从事全职工作。虽然城市里开办了自助餐厅、洗衣房和托儿所，妇女似乎依然不得不肩负着沉重的双重负担。20世纪20年代，亚历山德拉·柯伦泰（Alexandra Kollontai）崭露头角，成为妇女问题上思想深邃、文采飞扬且影响深远的作家之一。

亚历山德拉·柯伦泰

1909年，俄国妇女亚历山德拉·柯伦泰出版了《妇女问题的社会基础》，认为女权主义不仅仅是政治权利或教育权利和同工同酬权利的问题，其真正问题在于家庭的组成方式和人们设想家庭的方式。1920年，她出版了《俄国劳动妇女运动史浅析》，强调妇女必须两线作战：她们应该抵制越来越多的西化中产阶级妇女组织，这些组织要么一心关注法律平等和选举权问题，要么将女权主义等同于“自由性爱”；同样，她们也必须反对俄国工人运动和社会民主党人，因为二者都忽视了妇女所遭遇的特殊问题和特殊压迫，不屑地认为女权主义只在天生便毫无正义可言的资本主义社会里促进妇女权益，因而天生便是“资产阶级的”。

柯伦泰首先是位理论家，但有时面对个体遭遇也会真情流露，比如有一回面对一位对丈夫极度不满的妇女时便表现出了极大的同情——这位妇女的丈夫酗酒，还禁止她外出工作。在一篇极其感人的乌托邦式空想文章中，她设想了20世纪70年代可能存在的生活：届时，原来的圣诞节成了另外一个节日，这天一个公社共同庆祝自己设法共同创造出的圆满生活。

1991年苏联解体后，至少有一部分妇女很高兴重新回归家庭。虽然妇女可能在向资本主义转型的过程中成为了输家，但是一些妇女还是乐得有机会做一个全职的母亲和家庭主妇。

女权主义者近年来开始意识到那些从世界上贫穷及欠发达地区到西方富裕国家工作的妇女所面临的问题，并且已经着手研究这些问题。墨西哥和拉丁美洲妇女前往美国；俄罗斯和东欧妇女到西欧和英国寻找工作。阿尔及利亚和摩洛哥妇女去法国；还有一些妇女则来自斯里兰卡。东南亚女孩往往跑到中东国家——巴林、阿曼、科威特、沙特阿拉伯——寻找工作。她们中有些是合法移民，而那些非法移民则非常容易受到伤害。许多妇女做互裨[1]、女佣、保姆、清洁工，在老年人家里和医院里干些不需要什么技术的活儿，或在餐厅里做工资微薄的工作。但是还有很多妇女不可避免地沦为妓女或身陷妓院。菲律宾妇女经常被招募为“邮购”新娘，新郎则大多是美国或日本男人。

曾经为了妇女外出工作权、为了把自己从繁重家务中“解放”出来而积极斗争过的一些西方妇女，现在寻找起廉价的家务帮手来。对一些外国妇女来说——那些幸运儿——移民是改善自身生活的一种方式。但是更多的情况

1 互裨：一种住在别人家里以照顾孩童等家务劳动换取食宿的工作学习方式。

是，移民工人——往往资质不高，有时几乎不会说自己新家的语言——收入微薄，工作没有保障，使她们在各方面都孤立无援，得不到任何保护。她们往往连自己有哪些权利都不知道——要么即使知道也不清楚该如何主张这些权利。她们几乎没有任何支持网络。不过在美国，一些活动团体已经挺身而出，维护她们的权益。她们的存在本身对西方女权主义者构成了一个痛苦的悖论；她们促使我们更加仔细地审视自身，也许我们正纵容着对其他妇女的压迫。

后记

那么，女权主义的前途是什么？或者说女权主义**有**前途吗？至少在富裕的西方，女权主义还有存在的必要吗？1992年，美国妇女苏珊·法吕迪[1]用令人心寒的具体事实，有力地说明了女权主义者一段时期以来一直经历着她所称的“回潮”。那些无疑从女权主义运动中得到好处的妇女——还有那些或许也同样受益却很少承认这一点的男人——现在都迫不及待地说女权主义搞得过头了。正如朱丽叶·米切尔和安·欧克利在她们的第三本文集《谁害怕女权主义？看清回潮》中所说，女权主义之所以让很多人不舒服，部分原因在于“女人是谁、她们想要什么这整个主题对我们公共生活和私人生活之间的界限构成了挑战”。

20世纪，“第一浪潮”中的女权主义者要求公民平等和政治平等。在20世纪70年代，女权主义“第二浪潮”关注并着力强调妇女的性权利和家庭权利。现在，恰恰是这些诉求成为了众矢之的。“个人的即政治的”是20世纪70年代盛行的口号，而当代一些女权主义者似乎想要反其道而行之。政治的被降低到**纯粹**个人的层面，只涉及性和家

1 苏珊·法吕迪（Susan Faludi，1959— ）：美国作家。

庭生活问题——当然，这些问题也可能产生政治影响，亟待加以思考。

在《新女权主义》(1998)一书中，娜塔莎·沃尔特[1]在承认妇女“在经济状况和权力上仍然不如男人”的同时，认为当代女权主义的任务是“打击经济、社会和政治不平等的物质基础”。这是一个重要的观点——但是在谈到这种打击究竟可能会产生什么影响时，她还是语焉不详。在一次访谈中，她仿佛一反几十年来一直盛行的观点，萌生了一个新观点，即“我们想要和男人齐心协力地改变社会，而不是反对他们”：“毕竟，尤其是在改变家庭领域的现状方面，意味着男人要承担相应份额的家务劳动，而妇女则要越来越多地走出家门。”也就是再次表明：“我们必须彼此携手，和男人携手，共创一个更加平等的社会。”

但是沃尔特一会儿批评先前的运动过于个人化，没过几页之后又说先前的运动过于政治化——甚至更糟的是，运动成员“要么毫无幽默感，要么邋里邋遢，要么立誓不

1 娜塔莎·沃尔特（Natasha Walter，1967—）：英国女权主义专栏作家和记者。

婚”。（我记得情况并非如此。）她接着又把玛格丽特·撒切尔[1]奉为“英国女权主义默默无闻的巾帼英雄”，称她使女性的成功变得正常起来。但是撒切尔对妇女的关切没有丝毫兴趣，而且她不支持其他女政治家也是人所共知的。

杰曼·格里尔之所以写作《完整的女人》（1999）一书，部分是为了表示对娜塔莎·沃尔特的书及其“愚昧的沾沾自喜”的愤怒并予以有力的反击。格里尔认为，沃尔特凭空臆断女权主义关心的只是“金钱、性和时尚”。不过，她又补充道：

> 直到我这一代的女权主义者开始貌似严肃地断言女权主义搞得过火了的时候，我胸中才升腾起一团怒火。当生活方式女权主义者恰到好处地为自己赢得了“拥有一切”——即金钱——的权利之时，保持沉默是不可容忍的。

毫无疑问，人们对个人变化这个**威胁**和对变化本身一

1 玛格丽特·撒切尔（Margaret Thatcher，1925—2013）：人称“铁娘子”，英国首位女首相（1979—1990）。

样感到惊恐不安。于是有些人产生了怀旧情绪，紧紧抓住一个性别身份一成不变的虚幻的黄金时代，固守着男女之间关系无论如何不平等却始终可以轻松预知的美梦。另一方面，其他人则——用娜奥米·沃尔夫生动的措词——坚持认为发生了一场“性别地震”，使身居要职的妇女比以往任何时候都要多。沃尔夫在《火攻》(1983)一书中认为，妇女必须放弃她所称的“受害者”女权主义，停止抱怨，欣然投身“权力”女权主义。但是，正如琳恩·西格尔[1]在她1999年出版的《为什么要女权主义?》一书末尾动人地说道，这场运动最激进的目标尚未实现：

一个不仅是某些女人、而是所有女人都能更好地生活的世界。按照我依然称之为社会主义女权主义的构想，这对男孩和男人来说也同样是一个美好百倍的世界。

人们很容易遗忘女权主义漫长、有时伴随着激进创新的历史。20世纪60年代后期女权主义“第二浪潮”兴起的

1 琳恩·西格尔(Lynne Segal，1944—)：英国伦敦大学伯克贝克学院心理学与性别研究教授、著名女权主义学者。

时候，至少在当时，似乎有些出人意料、令人吃惊、让人兴奋。此后这些年间，发生了一个非常大的变化：西方妇女越来越广泛地意识到其他女权主义运动——不仅在欧洲，而且在全世界范围内——有望挑战我们心中的各种观点和确信之事，打消我们可能已经滋生的任何自满情绪。

这种更广泛的意识源自于诸多因素。技术进步肯定很重要：例如，不同国家的女权主义者现在能够通过因特网快捷高效地进行交流，和许多人分享经验和信息。学术女权主义在其中也发挥了重要作用。许多大学，当然大部分在西方国家，目前都开设了妇女研究课程，尤其是女权主义课程。学术研究为我们提供了了解其他时代和其他文化中妇女生活的极其宝贵的视角，促使我们既要思考共同的事业，也要思考彼此的差异。学术论文、研究文章、教材以及学术会议都为女权主义重要信息在全世界的传播发挥了作用。

但是或许其中也有损失，这个损失往往得不到解决，甚至不被承认。我时常深有感触地回想起我在本书开头所引用的丽贝卡·韦斯特的话：

我本人始终就没能弄明白女权主义究竟是什么。我只知道无论什么时候，只要我表达出和逆来顺受的可怜虫或妓女不同的观点，人们就说我是女权主义者。

前文所述的种种女权主义都透着一丝兴奋，抑或是因为触犯禁忌，抑或是因为其本身所蕴含的风险：有时是敢为天下先的兴奋，有时是局外人挑战传统习俗的兴奋。或许，近来还有一种重新发现我们的过去的兴奋，以及——由此产生的——**重新进行发明创造**的兴奋。20世纪60年代后期和整个70年代，妇女解放运动**的确**令人兴奋。我们感到自己在“使其焕然一新”，感到自己在探索过去和现在，全身心投身于一种激进而充满危险的崭新事物。但是，最近跟我一起聊过的女孩子从未有过任何相似的体验。她们似乎对女权主义没有什么兴趣，部分原因是她们仅仅把它看作一个学术科目——某种灌输给她们的东西，不需要自己去发现——因此既令人仰视，又相当枯燥。（当然，那些有志于从事学术工作的志向远大者不在此列。）女权主义犹如一勺勺地喂给年轻一代的女性，因此，她们或许自然、甚至还很健康地暗自怀着一种政治

“不正确”的渴望。至少，抵制学术女权主义似乎是向前迈进的一条道路。从长远来看，事实可能会表明依据她们自身经验来重新开创女权主义是向前迈进的另一条道路。

但是另一个难题——在我看来是关键的难题——在于，学术女权主义已经形成了一种话语，只有圈内人才能理解。有太多妇女觉得被这种话语拒之门外，受到疏远。当然，这并非女权主义的独有现象。今早我在写作本书时，顺手翻开报纸，发现了记者罗伯特·菲斯克（Robert Fisk）大快人心的批评文章。他抨击了那种经常被学术界普遍使用的语言，斥之“荒谬”甚至“为害不浅”。这种语言，或许在那些探讨迫切需要解决的政治问题的学者中间尤为盛行。“大学教师……非常善于构筑小圈子，但对如何与世界上其他大多数人——包括为他们收集垃圾的人、送取洗烫衣服的人和端上土豆煎饼的人——进行沟通却一筹莫展。”他在文章结尾开玩笑地引用了温斯顿·丘吉尔（Winston Churchill）的名言：“这是我所无法容忍的英语。”要如法炮制来具体反对学术女权主义，真是太容易不过了。

忽视菲斯克的观点是危险的。女权主义要保持勃勃生机并不断向前发展，就必须开始从根本上重新进行发明创造——在此不仅仅指发现新问题，还指发现一种新话语。无论怎样，我仍然相信女权主义**一定会**再次令我们惊讶，相信它一定会不断自我创新——其方式也许是我们所无法预见的，其领域也许是我们鲜有虑及的。几乎可以肯定的是，它会来自学术圈外，而且很可能会——如果一切顺利的话——以我们目前尚无法窥见的方式给我们带来挑战。